AF435629

SEXO JOVEN

SEXO JOVEN

Francisca Molero

Pilar Ortega González
Marian Ponte González
Javier Pujols Martínez
Carme Sánchez Martín

Con la colaboración de:

Colección: VITAE

SEXO JOVEN
1.ª edición, 2007

© 2007, Institut de Sexologia de Barcelona, SL
© de esta edición, ICG Marge, SL

Edita
Marge Books
València, 558, ático 2.ª
08026 Barcelona (España)
Tel. +34-932 449 130
Fax +34-932 310 865
www.marge.es

Director editorial, David Soler

Coordinación editorial, Laura Matos
Producción editorial, Miquel Àngel Roig
Diseño editorial, Héctor Soler
Colaboración literaria, Roser Pérez Castro
Ilustraciones interior, Daniel Estorach
Ilustración portada, Laura Ferracioli
Compaginación, Alfons Gràcia
Impresión, Novoprint (Sant Andreu de la Barca, Barcelona)

ISBN: 978-84-86684-81-5
Depósito Legal: B-

Índice

Los autores

FRANCISCA MOLERO RODRÍGUEZ
Codirectora del Institut de Sexologia de Barcelona.
Presidenta de la Societat Catalana de Sexologia de la Acadèmia de Ciències Mèdiques i de la Salut de Catalunya i Balears.
Coordinadora del Máster de Sexología Clínica de la Universitat de Barcelona.
Licenciada en Medicina y Cirugía.
Máster en Sexología y Terapia Integradora.
Máster en Biopatología de la Mujer y Ginecología Preventiva.

PILAR ORTEGA GONZÁLEZ
Psicóloga del Institut de Sexologia de Barcelona.
Máster en Sexología y Terapia Integradora.

MARIAN PONTE GONZÁLEZ
Psicóloga del Institut de Sexologia de Barcelona.
Máster en Sexología y Terapia Integradora.

JAVIER PUJOLS MARTÍNEZ
Codirector del Institut de Sexologia de Barcelona.
Miembro de la junta directiva de la Associació de Planificació Familiar de Catalunya i Balears.
Coordinador del Máster de Sexología Clínica de la Universitat de Barcelona.
Psicólogo especialista en Psicología Clínica.

CARME SÁNCHEZ MARTÍN
Codirectora del Institut de Sexologia de Barcelona.
Coordinadora del Máster de Sexología Clínica de la Universitat de Barcelona.
Licenciado en Psicología.

El Institut de Sexologia de Barcelona es un centro de referencia en terapia sexual, terapia de pareja y educación y orientación sexual.
www.insexbcn.com

Prólogo

Nunca antes la humanidad contó con tantos canales de información y tanto bagaje informativo. Es abrumador. Llega con y sin ocasión a través de todos los medios y con el soporte de las nuevas tecnologías, la televisión, la radio, la prensa… Hay una facilidad increíble para acceder a la información, interiorizarla sin sentido crítico y asumirla como veraz. En este escaparate informativo la sexualidad ocupa gran parte del espacio y no menos preocupación, sin que esto garantice el rigor que requiere. No obstante, es mucha la información correcta sobre esta materia.

A pesar de ello, los riesgos asociados a la actividad sexual, lejos de desaparecer, parecen perpetuarse. Los embarazos no deseados y las infecciones de transmisión sexual, entre ellas la pandemia del sida, frente a la que toda persona es vulnerable, son argumentos esgrimidos desde las dos ideologías dominantes para lanzar sus respectivos mensajes a la juventud: «absteneos de tener relaciones sexuales» o «protegeos en vuestras relaciones sexuales».

Pero éstos no son los únicos mensajes que reciben las y los jóvenes de hoy. Aún nuestra sociedad sigue tratando de forma diferente a hombres y mujeres, y en el mundo de la sexualidad reproduce diferencias todavía más notables. Así, lo que es bueno para los chicos (cuantas más parejas y mayor número de relaciones sexuales mucho mejor…), es malo para las chicas y viceversa, lo que es bueno para ellas (el poder mostrar sentimientos como la sensibilidad, la ternura, la tristeza a través del llanto o el afecto con la proximidad, el contacto, los gestos y expresiones), no lo es para ellos. Además, el incumplimiento de estas normas no escritas casi siempre conlleva alguna sanción, ya sea desde el mundo de los adultos o del de los propios jóvenes.

También, las estrategias de venta utilizadas por demasiadas empresas convierten la sexualidad en un objeto más de consumo, y los medios de comunicación están plagados de sobreestímulos sexuales que proponen modelos de belleza extremadamente rígidos y casi imposibles de conseguir, sobre todo para las chicas, y generan expectativas falsas en cuanto a las relaciones sociales, interpersonales y sexuales.

No es de extrañar que estos problemas se repitan en una sociedad que comete los mismos errores, creando normas arbitrarias, contradictorias y desequilibradas sobre las actitudes, los deseos y las conductas de la gente, actuando con el mismo tabú y añadiendo a los viejos mitos otros nuevos. Afortunadamente, iniciativas desde la ilusión, como las de quienes han editado Sexo joven proporcionan un poco de luz a este «exceso» informativo actual.

Este libro es un instrumento que ayudará a chicos y chicas, adolescentes y jóvenes, y también a los no tan jóvenes, a afrontar su sexualidad, sus relaciones sexuales e interpersonales con seguridad, de forma placentera y satisfactoria. Además de aportarles información específica sobre cómo funciona su propio cuerpo, les proporciona valiosas herramientas para vivir la sexualidad de un modo pleno, sin necesidad de arriesgar su salud ni la de los demás. Constituye una ayuda para procurarse el bienestar a través de la gestión de las propias emociones. Asimismo, desde él se fomenta el respeto por la otra persona y la tolerancia frente a esa realidad que es el amplio abanico de posibilidades sobre la orientación del deseo, las conductas sexuales, la obtención del placer, las fantasías... propias de la sexualidad humana.

En sus páginas se encuentran consejos para evitar esos riesgos asociados a la actividad sexual y enriquecer la vivencia de la sexualidad, pero además se abordan situaciones cotidianas y diversas formas de resolución de conflictos personales o de pareja.

Ésta es una obra rigurosa, sin tapujos, que abarca prácticamente todos los centros de interés de cualquier joven, como son los aspectos físicos, los emocionales y los relacionales, los conflictos, los mitos, las vivencias del placer… Está escrita con admirable sencillez, con un lenguaje claro y próximo que invita a la lectura, fruto de la experiencia que da la formación específica en sexualidad y los años de trabajo del equipo de profesionales autores de SEXO JOVEN.

VICENTE BARRAGÁN GÓMEZ-CORONADO
Licenciado en Medicina
Máster en Sexualidad Humana
Vicepresidente de la Asoc. de Planificación Familiar de Extremadura
Vocal en la Federación Española de Planificación Familiar

Introducción

Muchos libros se han escrito sobre sexualidad. Algunos dirigidos a adultos, otros a mujeres, a hombres, a parejas, a jóvenes... Unos hablan de los aspectos generales de la sexualidad y otros responden a preguntas que, supuestamente, interesan al colectivo al que van dirigidos.

Es indiscutible que hablar, leer o escuchar acerca de temas que tratan sobre la sexualidad siempre despierta nuestro interés.

Este interés se manifiesta en los ríos de tinta que se han escrito sobre el sexo. Está presente en «todas las conversaciones interesantes», en las canciones, las películas… Siempre, y en todos los tiempos. Existen películas que ya son clásicos del cine, como *El graduado, Nueve semanas y media* –la escena del *strip-tease*–, *Ghost* –la escena en la que trabajan la arcilla– o *Instinto básico* –la escena del cruce de piernas–. Otras, más recientemente, siguen destacando por su visión de la sexualidad, como *Juegos salvajes, Crueles intenciones* o *Hitch*. Y si hablamos de canciones, la mayoría de ellas tienen que ver con el amor, el enamoramiento y la sexualidad; algunas son más sexuales y otras, más románticas, pero casi siempre versan sobre el mismo tema: desde *Lucía* de Joan Manel Serrat, *Girl* de los Beatles o *Every breath you Take* de Police, y casi toda la discografía de Sabina, hasta las emblemáticas interpretaciones de Madonna, Shakira, Alejandro Sanz..., o de grupos como El sueño de Morfeo, La 5.ª estación o RBD, por nombrar sólo algunos de ellos. Algunos de estos títulos y artistas te resultarán más sugerentes que otros, porque seguro que tú tienes los tuyos.

Quizá sea porque hablar de sexualidad es hablar de actividad sexual, enamoramiento, amor, erotismo, desamor, dolor... en fin, de la vida, y creemos que siempre hay algo que podemos aprender o que nos puede sorprender, «el morbillo nos atrae».

Los autores de este libro hemos colaborado con la ilusión de transmitirte nuestros conocimientos; te hablamos desde la experiencia del trabajo con personas como tú, jóvenes a los que llevamos años escuchando y atendiendo, y de los que también hemos aprendido mucho. Hemos querido escribir un libro que te sirva especialmente a ti, que puedas utilizar en tu vida sexual cotidiana, y te ayude a mejorarla y disfrutarla. Que te explique de manera sencilla pero completa aquellos aspectos del sexo que desconoces o te preocupan. Nuestro deseo es que te ayude a clarificar tus dudas, que te ofrezca cuanta información necesites para tu vida, confiando en que sabrás utilizarla.

Este libro habla de la sexualidad, de la tuya y la de todos. Esa sexualidad que nos hace sentir bien, que nos enseña a compartir, que nos ayuda a formarnos como personas y a desarrollar la inteligencia para amar y ser amado.

Las personas somos el resultado de un todo. Nuestros genes son importantes, pero también lo es nuestro entorno: la familia, los amigos, el barrio y, por supuesto, cómo hemos interiorizado todo lo que nos ha sucedido y todo lo que hemos vivido. Nuestra sexualidad es la esencia de todo ello. Muchísimas veces reaccionamos sexualmente del mismo modo que actuamos en otras situaciones de nuestra vida –con impulsividad, culpa o miedo–. Reconocer y buscar soluciones para nuestros problemas sexuales nos ayudará a desarrollarnos mejor como seres humanos.

Francisca Molero Rodríguez

SEXO JOVEN

Capítulo 1
Sexo y demás...

Sexo, sexualidad, sensualidad, erotismo... son palabras que has oído un millón de veces. Pero seguro que si te preguntan qué significan te ponen en apuros.

Para empezar a entendernos vamos a hablar un poco de ellas. Si piensas que esto ya te lo sabes y estás tentado a saltarte estas páginas, te garantizamos que será como si te perdieras los entrenamientos antes de jugar un partido.

Sexo

El sexo se refiere al conjunto de características biológicas que nos definen, como hombres o como mujeres, igual que ocurre con los animales, machos y hembras. Más adelante descubriremos sus matices.

Como sabes, la unión de un espermatozoide y un óvulo produce un embrión que se desarrollará en el útero femenino y del que nacerá un chico o una chica, dependiendo del cromosoma (X o Y) que el hombre aporte (la mujer siempre aporta el X). El embrión resultante contiene la mitad de material genético de cada progenitor.

Los cromosomas sexuales (XX o XY) son los encargados de la diferenciación sexual y psicosexual. Determinan cuál es el momento oportuno para que se formen los testículos o los ovarios.

Las personas tenemos además un *sexo social* o *fenotípico*, que se establece al nacer cuando nos miran los genitales. Si el bebé tiene vulva es chica y si tiene pene y testículos es chico; no obstante, en el 1 % de los casos aparecen alteraciones que dificultan esta clasificación.

La pubertad

En la pubertad el sistema nervioso central recoge información sobre el estado de madurez que tiene tu cuerpo y, si la considera adecuada, activa el eje hormonal. Así, los testículos y los ovarios producen entonces las hormonas sexuales necesarias para que aparezcan los caracteres sexuales secundarios: el crecimiento de los genitales femeninos y masculinos, el desarrollo del pecho, la menstruación, la nuez, el vello corporal... Es como si tuviéramos un reloj biológico capaz de registrar el paso del tiempo y decidir por sí mismo en qué momento se pone en marcha.

La edad de inicio es muy variable y depende de muchos factores: la alimentación, el peso corporal, el clima del lugar en que vivas, tu carga genética, el estrés y el ejercicio físico que realices, entre otros. Tener un peso adecuado es esencial; esto explica por qué a las chicas

---

Célula sexual masculina = espermatozoide.
Célula sexual femenina = óvulo.
Chico = 44XY cromosomas. / Chica = 44XX cromosomas.

Los **testículos** son las gónadas masculinas y los **ovarios** las gónadas femeninas. Es el sexo gonadal.

El núcleo del óvulo contiene 22 cromosomas más un cromosoma sexual X (22X). El núcleo del espermatozoide también contiene 22, pero su cromosoma sexual puede ser X o Y (22X o 22Y).

Después de que el espermatozoide penetre en el interior del óvulo tiene lugar la fusión de los núcleos femenino y masculino. Esta fusión producirá una nueva célula con 44XX cromosomas (una niña) o una célula con 44XY (un niño).

Los cromosomas contienen la herencia genética de ambos progenitores. Todas las células del organismo tienen 46 cromosomas, excepto las células germinales, que sólo poseen 23. El motivo es sencillo: 23 cromosomas provienen del óvulo y 23 del espermatozoide, de modo que al fusionarse resultan 46.

que padecen anorexia y pierden peso les desaparece la menstruación.

Todo esto ocurre en la adolescencia. Esa etapa de **explosión de la genitalidad y de la sexualidad.** Ese período de cambios rápidos que tienen que ver con tu cuerpo, pero también con lo que piensas y sientes y con cómo te relacionas con el mundo que te rodea. Esos años en los que piensas que sólo tus amigos te entienden.

Los cambios externos se ven: tu imagen corporal parece que sea lo más importante, y te preocupa mucho cómo te ven tus colegas. Sabes que existe una relación intensa entre el atractivo físico y la aceptación social.

¿Y los cambios internos? La aparición de flujo vaginal en las chicas, las poluciones y erecciones nocturnas en los chicos, y los deseos, la incertidumbre, la angustia, la inquietud, la ilusión… en ambos.

¿Y qué decir de la familia? Parece como si, de pronto, todos se hubieran puesto de acuerdo para no comprenderte, recriminarte constantemente las cosas y organizarte la vida. No se dan cuenta de que ya no eres su pequeño/a.

Aparecen las discusiones, los disgustos, la negociación, los pactos: «a tal hora de vuelta», «¿con quién vas?», «arregla tu cuarto», «ayuda en casa»… Menos mal que están tus amigos y amigas. Con ellos tienes confidencias, haces de intermediario/a en los conflictos… Cada vez te manejas mejor. ¡Estás desarrollando tus habilidades sociales!

Los estudios son punto y aparte. Debes esforzarte más para concentrarte, todos te dicen que son unos años clave, que es importante estudiar, que tendrás mayores posibilidades para elegir, pero a ti, ahora, no te parece tan importante. Y aunque lo dudes, luego el tiempo les da la razón.

En definitiva, estás adquiriendo tu propia responsabilidad social y personal. ¡Y además de todo esto, tienes que aprender a resolver tu propia sexualidad!

La sexualidad

Aunque no es fácil definirla, sabemos que es una dimensión fundamental del ser humano, que es la experiencia del sexo, pero que no sólo tiene que ver con la reproducción, que se experimenta o se expresa en forma de pensamientos, fantasías, deseos, creencias, actitudes, valores, actividades, prácticas, roles y relaciones.

La sexualidad es una capacidad que todos tenemos y que podemos desarrollar con ejercicios de teoría y práctica. Podríamos también decir que es el resultado de la interacción de lo que somos: nuestra biología, psicología, cultura, ética... Es nuestra, nos hace disfrutar y también, en ocasiones, nos gusta compartirla.

La sexualidad nace y muere con nosotros, y la experimentamos de manera diferente según nuestra edad. No es lo mismo con un año de edad que con quince, treinta, cincuenta u ochenta años, pero siempre está en nosotros.

Lo has visto muchas veces: tu hermano/a, cuando era bebé, sonreía cuando el agua le tocaba los genitales en el baño. Alrededor de los dos años empieza la curiosidad por conocer el propio cuerpo, incluidos por supuesto los genitales, y seguro que tú también te los tocabas, a pesar de que te riñeran por ello. Lo hacías porque te hacía sentir bien.

Entre los cuatro y cinco años aparece la curiosidad por el cuerpo del otro sexo. ¿Te acuerdas de que en el parvulario te interesaba conocer cómo era el cuerpo de Vanesa y por qué era diferente al de Raúl? Tan diferente o tan igual al tuyo.

A los seis o siete años ya se conocen las diferencias físicas entre los dos sexos. En los vestuarios quizá te taparas con una toalla; no querías enseñar. Sin embargo, la experimentación sexual aparecía de forma constante en los juegos de contacto que realizabas con miembros del mismo y del otro sexo.

Ahora, lo que te interesa es tu sexualidad. La exploración consciente de tu cuerpo, tus necesidades sensuales y sexuales, la búsqueda de la excitación sexual y, probablemente, el orgasmo. Los chicos identifican rápidamente el orgasmo con la eyaculación; las chicas, en cambio, a veces no saben si lo tienen o lo han tenido. En este caso, es importante la exploración mediante la masturbación para comprobar cómo funciona la respuesta sexual propia. No obstante, recuerda que el comportamiento sexual de la primera adolescencia es más social que auténtico deseo sexual. En este período se acostumbran a practicar las

El juego amoroso es una práctica que facilita el aprendizaje sexual.

primeras masturbaciones como forma de experimentación sexual, de autoconocimiento y como una válvula de escape de tensiones, soledad y estrés. También empieza tu aprendizaje sobre las habilidades sociales necesarias para las relaciones románticas, los bailes y las fiestas. Aparecen con frecuencia imágenes y fantasías con aquella persona que se adueña de tus sueños, y una frase de una canción o una película te hace evocarla, te la imaginas y la sientes.

Y si tienes suerte y te corresponden, cuando estás con esa persona te gusta tocarla, jugar con ella, besarla, acariciarla, ver cómo se excita… y que ella o él haga lo mismo contigo. Esto ha recibido muchos nombres: enrollarse, montárselo, pegarse el lote, restregarse… y también se conoce, en inglés, como *petting*.[1]

Ese **juego amoroso** y la masturbación mutua son las prácticas sexuales más frecuentes entre los adolescentes. La mayoría de los chicos

---

[1] *Petting* es una expresión en inglés, procedente del verbo *to pet*, referida al hecho de acariciar, mimar, besuquear… Aunque en las relaciones sexuales puede usarse en un sentido amplio, el *petting* es un intercambio de muestras de afecto, un juego amoroso y placentero en el que todo se permite, a excepción del coito.

y las chicas mantienen estas prácticas sin llegar al coito hasta los dieciséis o diecisiete años. Es una verdadera lástima que devengan menos habituales con la edad, porque el juego y los preliminares son el éxito de cualquier actividad sexual.

En algunos casos se pueden tener experiencias con personas del mismo sexo, lo cual no tiene por qué indicar necesariamente que estas personas serán homosexuales en el futuro. En esta etapa se unen la camaradería, la complicidad, la seguridad del que es como tú, la experimentación, la curiosidad, la intimidad, el compartir y la explosión de la sexualidad, por lo que no es infrecuente que te sientas atraído por esa persona que es íntima para ti.

Respecto a las relaciones sexuales coitales, serán placenteras y gratificantes en tanto se den en el momento adecuado. Para que puedas disfrutar de tu sexualidad tienes que conocer cómo funciona y aprender a desarrollarla. Ve poco a poco, asimila lo que aprendes y practica, sin dejar pasar ninguna etapa; todas sirven, aunque a veces tengas prisa y tus amigos te digan entre risitas que «lo único importante es lo importante», refiriéndose al coito, a la penetración.

La sexualidad quedaría muy limitada si consistiera sólo en la penetración. ¿Dónde dejaríamos los besos, las caricias, las palabras, los sentimientos, la magia, el deseo…? Como en otros aprendizajes, no podremos dividir si antes no sabemos sumar y restar, o no conseguiremos leer si primero no conocemos las letras del abecedario.

Normalmente, disfrutas y te sientes bien cuando te acaricias el cuerpo y los genitales, cuando piensas en aquella chica o aquel chico que te gusta, cuando tu cuerpo y tu mente reaccionan. También disfrutas cuando estás con esa persona especial y los dos sentís un deseo mutuo y queréis compartirlo. El problema aparece cuando después te sientes culpable, porque piensas que has hecho algo malo o estás preocupado/a por no haber tomado las medidas necesarias; entonces te das cuenta de que se te retrasa la regla, o empiezas a pensar que en realidad no valía la pena porque esa persona no te gustaba tanto. En estos casos, una actividad sexual llevada a cabo con la finalidad de disfrutar y compartir se convierte en una situación de ansiedad y preocupación.

A partir de entonces, si lo has pasado muy mal, evitas cualquier actividad sexual, o si las tienes con frecuencia, no las disfrutas, y puedes acabar relacionando la sexualidad con algo negativo de lo que tampoco puedes hablar, sembrando con ello la semilla de futuras disfunciones sexuales.

Por fortuna, cada vez se habla con más sinceridad y naturalidad del sexo, quitándole ese velo de misterio y vergüenza que ha tenido durante mucho tiempo. Y lo más importante es que gran parte de la sociedad ha comenzado a aceptar el sexo como un elemento generador de placer y de emociones positivas.

Como dijo el autor teatral Darío Fo, lo importante es «que tengamos el sexo en paz, que nos conozcamos bien y que hagamos el sexo bien».

El erotismo

Es un sentimiento de amor sensual, «difícil de definir y fácil de reconocer». Quizá ésta sea la mejor definición que existe de erotismo.

El erotismo se relaciona con la sensualidad, los sentidos y el enriquecimiento de las relaciones sexuales; también con las diferentes épocas sociales, la cultura, la estética…

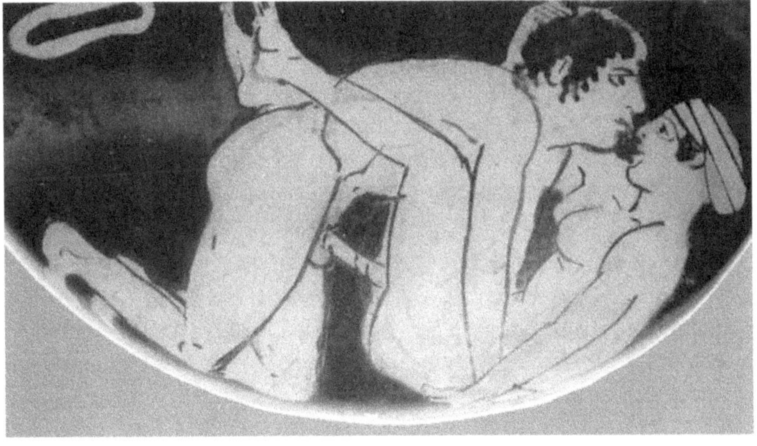

El erotismo ha estado presente en todas las culturas de la humanidad.

Esa mirada, esa sonrisa, esa intención, esa camiseta con el hombro caído... Ese insinuar ¿lo prohibido? ¿Aquello que parece que sólo va dirigido a ti?

Piensa un momento qué es para ti el erotismo. Puede que te ayude pensar en aquello que te produce un cosquilleo, un pensamiento sexual, una erección... aquello que se insinúa, el sí, pero no del todo...

¿Qué escenas o imágenes recuerdas de las últimas películas que has visto? ¿Y qué libros o canciones?

Algunos de nuestros sentidos están más desarrollados que otros y hay grandes diferencias entre las personas. Todos tenemos un amigo/a que distingue a la primera la colonia que utilizas, y todos conocemos a aquella persona que le encanta tocar a otras.

En nuestra sociedad, el pensamiento y la razón son sumamente importantes para desenvolverse y relacionarse; sin embargo, para pensar y razonar son necesarios los sentidos porque son éstos los que recogen la información del exterior y, al final, nuestras actuaciones dependen de cómo analicemos esa información. Si nos faltara uno de los sentidos, normalmente otro u otros se desarrollarían más para aminorar esa carencia.

Mitos sobre la sexualidad

Disfrutar de una sexualidad sana y adecuada a cada etapa de la vida es clave para el desarrollo equilibrado de la persona. La información, la responsabilidad y el darte permiso te ayudarán a ello.

Pasárselo bien es lícito y tienes derecho a disfrutar del placer y el bienestar que te proporciona tu sexualidad, si con ella no perjudicas a otra persona. No obstante, existen algunos mitos respecto a la sexualidad que pueden jugar en tu contra si no eres consciente de ellos.

- *El sentimiento de culpabilidad.* Sentirse culpable ante la propia sexualidad no es algo infrecuente. Muchas veces, sin saber por qué, nos sentimos avergonzados, sucios, anormales, viciosos... Esos sentimientos no son buenos para el desarrollo personal y sexual. Recuerda que somos personas sexuales y que expresar la sexualidad nos ayuda a sentirnos mejor con nosotros mismos y con los demás.

- *El miedo es enemigo de la sexualidad.* El miedo al fracaso en una relación

Podemos descubrir el erotismo en las situaciones y las actividades diarias más comunes.

La realidad es que nuestros sentidos pueden perder cualidades si la mayoría de las veces no somos conscientes de que los estamos utilizando.

Sin embargo, hay una manera muy sencilla de potenciar los sentidos; sólo hay que darse cuenta de que se están utilizando: observa bien los co-

con otra persona por no saber cómo actuar, el miedo a descubrir tu sexualidad o el miedo a expresar sentimientos provocan inseguridad y malestar, e impiden que te relaciones de forma adecuada con los demás.

- *El pensar que porque te gusta el sexo, eres un pervertido o te vas a convertir en un adicto sexual.* Como en todas las cosas de la vida, el sentido común es fundamental. Es frecuente que durante los años de adolescencia el impulso sexual sea fuerte y tengas ganas a menudo de practicar actividad sexual. La adicción al sexo es otra cosa, es una enfermedad que le impide a la persona tener la vida que quiere porque busca continuamente sexo, en cualquier situación y con quien sea.

- *El pensar que los chicos «siempre quieren lo mismo: sexo» y las chicas siempre «quieren amor».* Las cosas afortunadamente están cambiando y a las chicas les gusta el sexo como a los chicos y a los chicos les gusta enamorarse como a ellas. Hay momentos en la vida para todo, para el sexo sin amor y para el amor con sexo.

lores, disfruta intensamente del sabor del chocolate, nota la suavidad con que el viento te roza la mejilla… y todo lo que tú te puedas imaginar.

¿Cómo te llevas con tu sexualidad y tu sexo?

Para acabar este apartado, te propongo un sencillo ejercicio. Toma papel y lápiz y escribe. Define con sólo tres palabras cómo es tu sexualidad. Relájate y no pienses en nada; escribe lo primero que se te ocurra.

¿Ya lo tienes? Reflexiona sobre las palabras que has escrito. ¿Son palabras positivas o negativas? ¿Qué significan para ti?

Si son positivas, enhorabuena. ¿Quizá son alguna de éstas: buena, satisfactoria, muy divertida, apasionante, dulce…?

Si son negativas como: asco, vergüenza, oculta, fracaso, no tengo… ¿Es posible que tengan que ver con que te sientes culpable por practicar y vivir la sexualidad? ¿Tienes miedo de «no ser normal», o de que te pillen haciendo algo?

Para que tu sexualidad se desarrolle de forma sana debes reivindicar tu derecho a la intimidad. En ocasiones, puede parecer que tener confianza con la familia o con otras personas es no tener espacio para la intimidad. En cambio, es importante que puedas cerrar la puerta de tu habitación, que te pidan permiso para entrar, tener un pestillo en el baño. Es saludable que cada miembro de la familia tenga su espacio propio, espacios de intimidad que los otros deben conocer y respetar.

¿Sabías que...?

- Inicialmente, todos los elementos del aparato reproductor humano son bisexuales. La **diferenciación del sexo masculino o femenino** comienza en la octava semana de vida embrionaria, como consecuencia de la presencia o ausencia de una hormona masculina: la testosterona. Si hay testosterona, el feto evolucionará hasta convertirse en un niño; si no la hay, nacerá una niña.

- Las **hormonas sexuales** actúan no sólo en la formación de los genitales sino también en el cerebro; ello podría explicar, en parte, las diferencias de comportamiento sexual y reproductivo de los hombres y las mujeres.

En la reivindicación de tu intimidad a veces tienes actitudes que sorprenden a los demás. Nos referimos a esa actitud repentina de taparte con una toalla cuando alguien entra en la ducha porque no quieres que te vean desnudo/a. A ti, que te encantaba que te ducharan y restregaran la espalda. Tú, que has visto desnudos a tus padres y hermanos, como algo absolutamente normal, de repente sientes «pudor», te avergüenzas de que te vean desnudo/a porque tu cuerpo ha cambiado y eres consciente de ello. Con los años, ese pudor desaparece y recuperas el sentido natural y normal de la desnudez.

Hablemos de roles

¿Qué es ser hombre hoy?

En una ocasión, en un grupo de amigos alguien afirmaba: «Para ser un hombre hay que serlo de verdad». Seguro que has escuchado frases parecidas alguna vez.

¿Qué significa para los jóvenes de hoy *ser un hombre?* ¿Qué se quiere decir con que *hay que serlo de verdad?* Al parecer, en el pasado no hacían falta explicaciones y todos los miembros del grupo lo entendían. ¿Pero era realmente así?

Durante muchos siglos se ha transmitido un concepto deformado de lo que significa «ser hombre». Se asociaba con conductas autoritarias y un aspecto físico basado en la fuerza, la competitividad, la jerarquía, el poder, la seguridad y el papel de protector; el hombre era el que mantenía a la familia, el que dictaba las normas y las hacía cumplir, era el *tipo duro* al que no le afectaban las emociones ni las expresaba.

En los últimos tiempos esto ha cambiado. Se tiende hacia una mayor igualdad entre el hombre y la mujer y se cuestiona ese falso concepto de masculinidad. Aunque hay sectores sociales (algunos empresarios, publicistas, actores, políticos, militares, religiosos, entre otros) que todavía influyen para mantener por encima de otras aquella forma de manifestar «lo macho», la mayoría de hombres la viven de forma distinta.

Como ocurre con todo lo que suponga cambiar cosas esenciales de la vida, cuando se critican los modelos tradicionales de hombre y mujer surgen las resistencias, los miedos, las dudas, los retrocesos..., hasta que las ventajas del cambio se entienden y éste se consolida.

A los hombres de más edad, educados en familias que transmitían aquella idea de lo masculino, les es difícil cambiar y algunos se aferran a lo que conocen y les da mayor seguridad. Las generaciones jóvenes son las que más han evolucionado, porque han crecido en entornos familiares con una relación entre sexos más igualitaria y, además, están influidas por numerosos referentes sociales y profesionales y por los medios de comunicación.

Imagínate una escena con tu abuelo sentado al lado de tu padre, y a éste de pie junto a ti. Esa imagen provocaría en cada uno de vosotros emociones y valoraciones distintas sobre esas tres generaciones. Del mismo modo, tu padre y tu abuelo han pensado de forma distinta sobre lo que significa ser hombre, lo que implica la masculinidad y los cambios sociales y personales que han conducido al modelo actual. Valora tú mismo si es importante o no el cambio que se ha producido.

Piensa en grupos de jóvenes que conozcas: *skins,* inmigrantes musulmanes, *punkis,* pijos, *gays* con o sin pluma, progres, metrosexuales, latinos... y recuerda qué imágenes transmiten de lo que sería un hombre. ¿Crees que son las auténticas?, ¿te identificas con alguna de ellas?

Seguramente llegarás a la conclusión de que ya no tiene sentido definir de una única manera lo que es «ser un hombre»; porque lo que realmente importa para serlo es lo que cada uno siente y piensa, que siempre es el resultado de las vivencias, la educación y las experiencias acumuladas, de todo lo que va forjando tu propio rol.

Pertenecer a un grupo social proporciona la identidad que necesitamos para formar muchos aspectos de nuestra personalidad, en particular, nuestra identidad de género como hombres.

La masculinidad no la determina un único prototipo de imagen física. Algunos hombres cuidan más que otros su apariencia, por ejemplo, pero ello sólo tiene que ver con la autoestima: te cuidas para sentirte bien. La masculinidad tampoco la determina tu conducta: puedes llorar, hablar de tus cosas personales e íntimas con los demás, mostrarte

En tan sólo tres generaciones, el significado de «ser hombre» ha cambiado.

tierno y vulnerable, planchar, cocinar, respetar a tu pareja y, quizás algún día, cuidar de tus hijos... Y, por supuesto, tampoco tiene nada que ver con tus preferencias al elegir pareja o compartir experiencias sexuales, es decir, con si escoges a personas de tu mismo sexo o del otro.

Probablemente, cada miembro del grupo de amigos del inicio de este apartado tenía su propia opinión respecto a lo que significaba sentirse hombre. Quizás existiera un cierto consenso, aunque también es posible que quien dijera la frase intentara imponer su modelo o que más de uno no se atreviera a cuestionarlo por tener sus propias dudas o por no discrepar y evitar un debate que generase tensión e incertidumbre sobre su propia masculinidad.

Un cambio tan importante como el que se ha experimentado en esta cuestión puede generar situaciones tensas y ser difícil de comentar, incluso entre amigos.

Por otro lado, los medios de comunicación emiten mensajes contradictorios: imágenes de tipos duros y superhéroes, de personajes débiles y derrotados, de hombres sensibles, de hombres homosexuales...; y entre los diferentes ámbitos sociales (la escuela, la familia, los colectivos religiosos, etc.) cada tipología de hombre puede generar aceptación o rechazo.

Esta diversidad de criterios no es negativa, pues favorece que las personas nos formemos una idea propia y, al mismo tiempo, manifiesta la pluralidad que hemos comentado. Aunque se tienda a definir un **modelo de hombre** que sea aceptado de forma colectiva, sabemos que no debe hacerse a costa de limitar, imponer o censurar las otras opciones.

En nuestra sociedad, cada vez más multicultural, las costumbres y creencias de la población inmigrante nos hacen cuestionar algunos de los cambios producidos respecto a lo que es «ser hombre hoy». Muchas familias inmigrantes proceden de sociedades patriarcales, donde el hombre es el que toma las decisiones y tiene el poder económico y social, mientras la mujer es quien obedece, cuida del hogar y de los hijos, y aunque trabaje fuera de casa siempre está supeditada a él. Aquí, sin embargo, encuentran papeles masculino y femenino diferentes que les sorprenden. En algunos casos esto les gusta, sobre todo a las mujeres, mientras que muchos hombres los rechazan porque significan la pérdida de sus privilegios.

Estos hombres y sus familias, con el paso del tiempo, también cambian. Dan valor a compartir la vida con su pareja, disfrutar de sus hijos y planear proyectos comunes, entre otras muchas posibilidades. Este cambio ya no tiene marcha atrás; nuestra sociedad avanza hacia la igualdad entre el hombre y la mujer.

El nuevo modelo de masculinidad

Si tuviéramos que definir el prototipo masculino actual, diríamos que se trata de un individuo que se identifica con su sexo biológico varón, joven o no tanto, que ha incorporado elementos de otras culturas que identifican la masculinidad (como *tatus*, pendientes, *piercings*, etc.), que cuida su aspecto, que selecciona su vestimenta y que se relaciona y comunica con los demás. Este hombre ve a la mujer como a una persona con la que comparte espacios comunes como el instituto, la facultad, el trabajo, la calle o los bares; le puede gustar el arte, la poesía,

Las tareas domésticas son un
ámbito compartido por el
hombre y la mujer.

la cocina o la jardinería; y puede expresar libremente sus ideas y emociones, como la ternura hacia los niños, llorar viendo una película, decir que ama... En definitiva, es una persona que ha empezado a incorporar en sí mismo «lo femenino».

Una variante de prototipo masculino que cumple estas características sería un **metrosexual**. Esta palabra se relaciona con el «hombre coqueto que se cuida físicamente en todos los aspectos»: viste ropa de moda que le «marque» el físico cuidado; utiliza productos de belleza para cuidar su aspecto (incluso puede recurrir a la cirugía estética); cuida su alimentación; practica alguna actividad deportiva de moda; es de origen urbano, aunque ya está extendido en todos los ámbitos; en cuanto a la sexualidad piensa en satisfacer a la pareja y procura aprender para conseguirlo; se ocupa de las tareas del hogar por iniciativa propia no por imposición o reparto; ejerce de padre convencido y, sobre todo, procura a través de la estética y la imagen realzar su parte erótica y seductora, estar apetecible para sí mismo y para las mujeres.

> **La expresión de los sentimientos, las emociones, la sensibilidad, la decisión, la valentía y otras muchas características que nos hacen «personas» no son patrimonio de ningún sexo sino de la especie humana.**

¿Qué es ser mujer hoy?

Un grupo de amigas estaban hablando en un parque, gesticulaban, reían, se tocaban las unas a las otras bromeando... Cada una de ellas tenía un estilo diferente de peinado, una tenía el ombligo al descubierto mostrando un *piercing,* otra vestía unos pantalones vaqueros que se arrastraban por el suelo y la que estaba a su lado unos de estilo pirata y calzaba sandalias. Observarlas producía satisfacción: emanaban alegría y sana complicidad. ¿Esto es ser mujer hoy?

Nadie duda de que el rol de la mujer de hoy ha cambiado respecto a décadas pasadas. Tampoco existen dudas de que ahora ser mujer significa tener más opciones que antes, y de que las mujeres cada vez se sienten más a gusto de ser mujeres.

Éste es uno de los grandes cambios experimentados por nuestra sociedad. La humanidad ha logrado muchos avances científicos y tecnológicos que han supuesto una gran mejoría de sus condiciones de vida; sin embargo, quizá la mayor revolución del último siglo la han llevado a cabo, y con éxito, las mujeres, esa otra mitad de la especie humana que tiene el mismo derecho que los hombres a disfrutar de esos avances.

Fíjate en la imagen de la página siguiente. ¡Qué cambios se han producido!, ¿verdad?, en tan sólo tres generaciones.

Es evidente que no existe una única manera de ser mujer y que se ha llevado a cabo un proceso similar al de los hombres. Han influido diferentes factores: mayor presencia de la mujer en todos los sectores profesionales, mayor preparación intelectual, los medios de comunicación, la familia, la incorporación a nuestra sociedad de mujeres inmigrantes que han aportado su propio concepto de ser mujer...

Si tuviéramos que describir el **prototipo femenino actual,** podríamos decir que se trata de una persona joven o no tan joven, que se identifica con su sexo biológico, hembra; fémina que cuida su cuerpo y su imagen con creatividad e incorpora estereotipos tradicionalmente atribuidos a los hombres, como los pantalones y el cabello corto; que decide sobre su propia vida, estudia o trabaja, o incluso ambas cosas

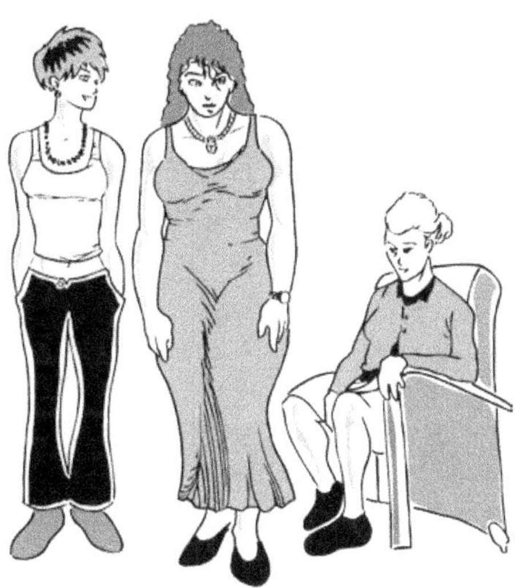

Tres generaciones de mujeres han transformado las relaciones sociales con el hombre y han conquistado una posición de igualdad en la sociedad.

al mismo tiempo, y que, eventualmente, cría a sus hijos; que se mueve con libertad en los espacios públicos; que se siente con pleno derecho a disfrutar de su sexualidad y a expresarla sin ser juzgada y que exige a su pareja que la trate de igual a igual.

Las mujeres inmigrantes jóvenes, con el tiempo, no tienen reparo en adoptar ellas también este modelo femenino; sin embargo, no sucede igual con las mujeres de mayor edad, que suelen mantener los estereotipos que trajeron consigo.

Otros modelos femeninos que están apareciendo tienden a reproducir los antiguos esquemas masculinos, en un afán de preservar los espacios de igualdad ganados. En éstos, las mujeres se muestran competitivas, agresivas y dominantes, tratando de confirmar que son iguales y que merecen los mismos privilegios que tenían los hombres. Aunque las mujeres que lo asumen creen, en un inicio, que éste es el modelo que les permitirá el éxito y la satisfacción personal, después de un tiempo se dan cuenta de que en realidad no es lo que querían.

La mujer de hoy en día sigue evolucionando en su modelo femenino, consciente de que el actual se acerca cada vez más al que busca. Quiere la igualdad, conservar los aspectos que le son propios y conseguir otros del modelo masculino que también le resultan adecuados. Su búsqueda se parece mucho a la del hombre. No en vano los hombres y las mujeres somos distintos en algunas cosas, pero en lo esencial somos iguales.

Más sobre el rol de género

Algunas personas se comportan socialmente de manera diferente a como correspondería por su sexo. Por ejemplo, un hombre se puede sentir identificado con su sexo biológico de varón (identidad sexual), pero comportarse (rol de género) con un rol masculino clásico (autoritario, controlador...), con un rol masculino moderno (comparte decisiones y tareas con su pareja y familia...) o con un rol femenino (se preocupa y le gustan los pequeños detalles, demuestra sus sentimientos...), y todo ello con independencia de sus conductas o preferencias sexuales: heterosexual, homosexual o bisexual. Lo mismo ocurre con las mujeres.

Otras personas, si bien se sienten identificadas con su sexo biológico, socialmente pueden desempeñar un papel femenino clásico (ama de casa, cuidadora de la familia y de sus hijos, sin vida propia...), un papel femenino moderno (trabaja fuera de casa, exige compartir decisiones y tareas domésticas y de educación de los hijos...) o un papel

---

Saber más...

- **Identidad sexual.** Es el sentimiento que tiene una persona de ser un hombre o una mujer, con todos sus matices, e independientemente de su sexo genético o sus genitales. Se suele formar hacia los tres años de edad, momento en que se tiene ya una conciencia clara de pertenecer al sexo masculino o al femenino.

- **Identidad de género.** Las personas se identifican con lo que la sociedad determina que es masculino o femenino. Es el resultado de componentes psicosociales, que incluyen:

masculino, relacionado sobre todo con un comportamiento agresivo y competitivo.

Algo más sobre la identidad sexual

Todos hemos visto en alguna ocasión a criaturas de corta edad que insisten en ser niños cuando en realidad son niñas, y niñas cuando son niños. Aunque saben muy bien a qué sexo pertenecen prefieren vestirse con ropas del sexo contrario, jugar a sus juegos y tener compañeros exclusivamente del otro sexo. Estos niños/as, cuando llegan a la adolescencia y luego a la edad adulta, puede que manifiesten su deseo expreso de pertenecer al otro sexo y ser tratados y considerados en consecuencia.

Son personas atrapadas en un cuerpo que sienten que no les corresponde. Esto les produce un malestar y un desasosiego permanentes, rechazan su cuerpo, detestan sus genitales e incluso puede que quieran hacerlos desaparecer. Llamamos a estas personas **transexuales**. Son individuos que sufren mucho física y socialmente y que buscan de forma incesante la manera de tener el cuerpo al que sienten que pertenecen.

Las intervenciones quirúrgicas a las que deben someterse para alcanzar su objetivo son muy dolorosas. Sin embargo, ello no constituye un obstáculo y muchos están dispuestos a intentarlo, en su afán de afirmar su identidad y de sentirse completos.

- La convicción básica del individuo de sentirse un varón o una hembra (identidad sexual).
- El comportamiento que tiene esa persona según el modelo (masculino o femenino) que haya adquirido (rol de género).
- La preferencia del individuo por formar parejas con hombres o con mujeres (orientación sexual).

- ***Rol de género.*** Se refiere a cómo se comporta una persona ante la sociedad: las actitudes y los comportamientos que demuestra para que se la identifique como hombre o como mujer.

La orientación sexual

Conocemos bien el caso de una familia formada por la madre, el padre y un hijo de diecinueve años. Llamaron con nerviosismo y cierta urgencia a la consulta de los autores de este libro para asesorarse respecto a un tema que su hijo les había revelado. ¿Te imaginas qué les preocupaba tanto? En efecto, lo has acertado. El chico había confesado a sus padres que era homosexual. Se desprendía por la conversación que era una familia unida, que se querían y se tenían confianza. Existía comunicación entre ellos y estaban abiertos a escuchar todo lo referente a temas sexuales. Estuvieron preguntando y procuramos darles respuestas «científicas» para aplacar la angustia que sentían, pero seguían teniendo muchas dudas. Lo que realmente necesitaban saber, auque no eran conscientes de ello, era que su hijo no estaba confundido y que era del todo seguro que tenía inclinación homosexual. En el fondo, esperaban que fuera una equivocación. A medida que se desarrollaba la entrevista y escuchaban las coherentes explicaciones de su hijo, los padres parecían ser cada vez más conscientes de la realidad. Preguntaron entonces sobre cuál era la causa y el posible tratamiento. También empezaron a dudar acerca de si habían sido ellos los causantes y si se habían equivocado al educarlo.

Las respuestas se las dio su propio hijo, que se explicó así: «Desde los catorce años noté que me atraían los chicos. Por un lado, me resultaba muy extraño, pero por otro me gustaba. Al principio intenté

Saber más...

- **Orientación sexual.** Es la preferencia en los sentimientos amorosos, en el deseo y la atracción sexual hacia una persona de tu mismo sexo (orientación homosexual), del contrario (orientación heterosexual) o de ambos sexos (orientación bisexual).

  – La orientación sexual puede variar a lo largo de la vida de las personas.
  – Hay diversas teorías que intentan explicar el porqué de las orientaciones homo y bisexuales, pero no existe un consenso respecto a ello en la comunidad científica. Lo importante es aceptar que todas las

quitármelo de la cabeza, me esforzaba por fijarme en las chicas, pero no sentía la misma atracción por ellas. Al final lo acepté, y ahora estoy enamorado de un chico».

Al final de la entrevista estábamos todos más tranquilos.

Desafortunadamente, este caso no es el más habitual de **homosexualidad masculina**. En muchas ocasiones, por desconocimiento, tabúes, desinformación y el «qué dirán», las familias reaccionan muy mal, ocultan la cuestión, la marginan y la reprimen. En definitiva, se crea un clima de malestar y dolor que no sólo sufre la persona afectada sino toda la familia.

Para abordar de forma adecuada esta cuestión es fundamental la comunicación, el respeto, la tolerancia y el amor de todos los implicados.

Cuando hablamos de orientación homosexual, no podemos olvidar el acoso, la mofa y los comentarios malintencionados de que puede ser objeto cualquier muchacho, sobre todo los chicos con conductas amaneradas. Las reacciones de rechazo y de escarnio más llamativas suelen ocurrir en los grupos grandes; a escala individual y en grupos pequeños de amigos suele existir más respeto y tolerancia hacia la diversidad sexual.

En este sentido, la **homosexualidad femenina** pasa más desapercibida: «A las chicas lesbianas no se les nota nada a primera vista, no se perciben, no se ven...». Estos comentarios están en la calle y demuestran lo olvidada que ha estado la sexualidad femenina durante siglos, como si no existiera. Sin embargo, las cosas han cambiado y la sexua-

orientaciones sexuales son igual de válidas y que han tenido lugar en todos los tiempos y en todas las culturas.

- El tener conductas o fantasías homosexuales de forma puntual o con cierta regularidad en algún momento de tu vida, sobre todo en las etapas de experimentación como son la pubertad o la adolescencia, no determina cuál es ni cuál será tu orientación sexual definitiva.

- Las dudas sobre la orientación sexual son frecuentes. En ocasiones, puedes experimentar dudas a pesar de tener una conducta claramente definida. No confundas las fantasías o los deseos que aparecen ocasionalmente con las preferencias sexuales y la orientación sexual.

lidad femenina está reconocida y cada vez se acepta más que una chica tenga relaciones sexuales con otra chica.

En el reconocimiento de la diversidad en la orientación sexual han tenido un papel muy importante los profesionales de esta especialidad y, sobre todo, la reivindicación liderada por el movimiento gay-lesbianas, que lleva años luchando para que se les acepte con normalidad.

Hoy en día, no es infrecuente ver en bares, restaurantes, viajes... parejas homosexuales que exteriorizan dicha condición sin ningún pudor. Pero todavía hay quienes lo siguen ocultando con relaciones heterosexuales que acaban provocando situaciones dolorosas y conflictivas.

Es importante que sepas que en determinadas épocas de tu vida, y sobre todo durante la adolescencia, te puedes sentir atraído/a por tu mejor amigo/a o por otra persona de tu mismo sexo. Esto no significa que seas homosexual; la orientación sexual no la determina un hecho aislado.

También es posible que en algún momento de tu vida hayas tenido dudas sobre si eres o no **bisexual**, porque puntualmente te hayas sentido atraído por personas de los dos sexos.

La mayoría de las personas, si lo aceptaran, serían bisexuales, ya que te atrae o te enamora una persona que te demuestra atracción o afecto, que está por ti, que te demuestra que le importas... y eso lo hace alguien independientemente de si es un hombre o una mujer.

En cualquier caso, cuando un/a joven descubre que tiene una orientación homosexual necesita tiempo para asumirlo y, luego, comunicarlo a sus familiares y amigos. En este proceso es muy importante la opinión que tenga el/la joven de cómo valora esta cuestión su entorno. Las opiniones tolerantes facilitarán que pueda explicarlo, mientras que las opiniones de rechazo lo dificultarán. En el segundo caso, es probable que el/la joven se vea empujado/a a llevar una vida llena de mentiras y a crear un mundo paralelo de relaciones.

Algunas de las personas que durante años se han creado una vida paralela, actualmente están dándose a conocer tal y como son en realidad, gracias al clima de tolerancia que hoy se respira.

Capítulo 2
Tu cuerpo y mi cuerpo

El conocimiento de nuestro propio cuerpo es un factor clave para la sexualidad. En este capítulo hablaremos de la higiene personal, de cómo cuidar y mimar nuestro cuerpo, y conoceremos cómo funcionamos anatómica y fisiológicamente. Después de ello, explicaremos con detalle las distintas fases de la respuesta sexual humana.

La higiene es atractiva

La higiene corporal se relaciona con el desarrollo y los hábitos saludables. Es una manera de cuidar nuestro cuerpo, sentirse mejor y gustar más a los otros.

En la adolescencia empiezas a ser consciente de tu olor corporal; antes quizá no te habías dado cuenta, pero ahora incluso lo notas cuando tu habitación lleva un rato cerrada, o cuando hueles la ropa o el cabello.

El olor corporal es único en cada persona, pues tiene relación con

¿Sabías que...?

- Las **feromonas** son sustancias químicas que se segregan para atraer sexualmente al otro sexo. Sabemos que las producen los animales y también los seres humanos. Y cada vez hay más perfumes que las utilizan.
- En ocasiones, el **olor corporal** o simplemente el pensamiento de que esa persona con la que estás lleva muchas horas sin lavarse, son motivos que nos impiden iniciar o mantener relaciones sexuales.

tu genética, con tu estado hormonal. Si eres chica, seguramente te has dado cuenta de que hueles diferente según el día del ciclo menstrual en que estás. La alimentación, las enfermedades y, evidentemente, tus hábitos higiénicos también influyen.

El olor corporal puede ser molesto y desagradable para ti y para los demás si va unido al sudor o si hace días que no te duchas. Sin una ducha diaria, además del olor desagradable, puedes tener un mayor riesgo de contraer infecciones, por ejemplo, en los chicos, la **balanitis.** Esta infección se caracteriza por una inflamación del pene, que se pone rojo y te impide retirar bien el prepucio; precisamente, puede aparecer por no retirarse el prepucio al lavarse los genitales.

No obstante, cuidado con obsesionarte y pasar demasiado tiempo debajo del grifo malgastando el agua; y tampoco abuses de los desodorantes porque pueden irritarte la piel.

Durante la ducha puedes aprender a **conocer tu cuerpo.** Una vez por semana, por ejemplo, mientras te duchas, olvídate de la rutina diaria, el estrés, el cansancio… y concéntrate en las sensaciones que te produce el agua al tocarte; observa cómo cada una de las partes de tu cuerpo siente sensaciones diferentes, unas más intensas y otras menos. Prueba a cambiar la intensidad del chorro de agua y sigue experimentando.

Algunos consejos

- Es importante lavarse los genitales diariamente, pero no es necesario utilizar mucho jabón, y siempre con un ph neutro.
- Si eres una chica, el lavado se hace de delante hacia atrás, así evitas que gérmenes del ano puedan pasar a tu vagina. No tienes que hacerte lavados vaginales, ya que destruirías la flora vaginal y aparecerían infecciones vaginales.
- Si eres un chico, te tienes que lavar el glande retirándote el prepucio hacia atrás.
- Para los dos: después de ducharte o bañarte sécate suavemente con un toalla seca y ponte ropa limpia. La ropa interior debe ser, preferiblemente, 100 % de algodón, ya que este tejido permite que la piel transpire sin dificultad.

Tu anatomía. Conoce cómo eres

En este capítulo te explicamos cómo es tu cuerpo y cómo funciona. Es muy importante que conozcas esta información porque te servirá para disfrutar de tu sexualidad de una manera responsable, sana y satisfactoria. Es difícil saber lo que a uno/a le gusta si no lo ha experimentado antes, y mucho más difícil es explicarle a tu pareja lo que te gusta o no te gusta si tú mismo/a no lo sabes.

El aparato genital femenino

En la mujer, una parte de sus genitales se encuentra en el exterior y otra, la que requiere mayor protección debido a la función que realiza, en el interior.

Los genitales externos

La **vulva** es la parte genital externa femenina. Está constituida por:

- El **monte de Venus,** situado frente a los huesos del pubis y formado por tejido graso rodeado de piel y cubierto de vello.

- Los **labios mayores,** que son dos repliegues de tejido que se extienden desde el monte de Venus hacia abajo y hacia atrás. Están

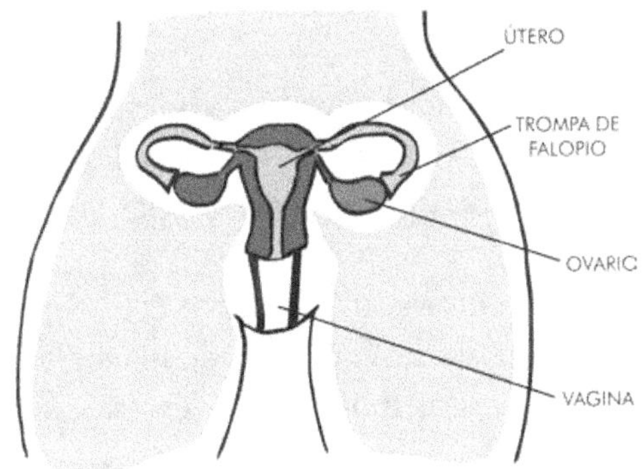

Situación de los genitales internos en el cuerpo femenino.

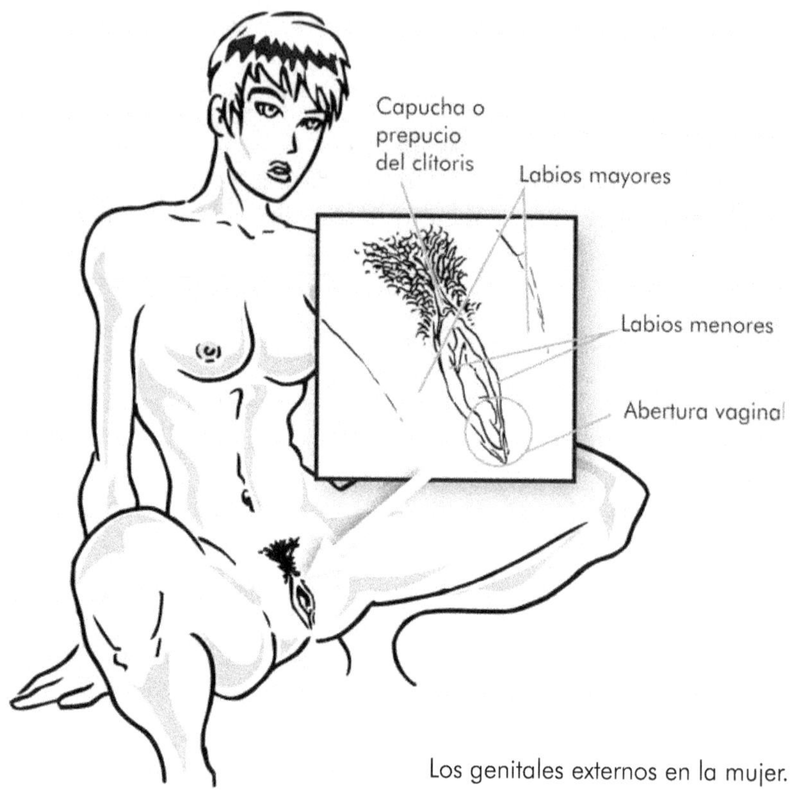

Los genitales externos en la mujer.

cubiertos de vello y albergan multitud de glándulas que segregan un líquido viscoso que humedece y lubrica la vulva.

- Los **labios menores,** que se encuentran alojados entre los labios mayores, y que se fusionan con ellos en la parte posterior, mientras que por delante, en la parte superior, se unen para formar el clítoris.

- El **clítoris,** un órgano eréctil con dos cuerpos cavernosos y un glande. Es el órgano de mayor sensibilidad sexual de la mujer. Lo que vemos, su parte exterior, es el glande, pues el cuerpo permanece en el interior.

- La **vagina** es un conducto muscular de entre 7,5 y 10 cm de largo que comunica la vulva con el cuello del útero.

  La abertura vaginal puede estar cubierta por una fina membrana denominada **himen.** En muchos momentos de la historia se ha otorgado al himen una importancia social relacionada con la virginidad, el honor... Desde el punto de vista científico, la única función que se le atribuye es proteger la entrada de la vagina de las niñas antes de la pubertad, cuando todavía la vagina no contiene la flora vaginal que la protegerá cuando sea adulta.

- El **orificio uretral** se encuentra a unos 2 o 3 cm del clítoris. Es por donde sale la orina.

Los genitales internos

- Los **ovarios** poseen forma de almendra de unos 3 cm de largo por 2 cm de ancho, se hallan suspendidos en la pelvis sujetos al útero por una serie de ligamentos y en contacto con las trompas. Contienen todos los futuros óvulos en estado inmaduro y son los encargados de producir las hormonas sexuales femeninas: estrógenos y progesterona, responsables de las características sexuales externas.

- El **útero** o **matriz** es un órgano muscular en forma de pera invertida situado entre la vejiga y el recto. Consta de dos partes: el cuerpo y el cuello o cérvix.

Mitos sobre la vagina

Conservar el himen no es una prueba irrefutable de que una chica no haya mantenido relaciones sexuales. Como tú bien sabes (lo comentaremos más adelante con detalle), pueden tenerse relaciones sexuales sin penetración. Por otro lado, no conservar el himen tampoco es una prueba de que la chica haya tenido relaciones con penetración, ya que esta fina membrana se puede rasgar con facilidad como consecuencia, por ejemplo, de una mala caída, de montar en bici atropelladamente...

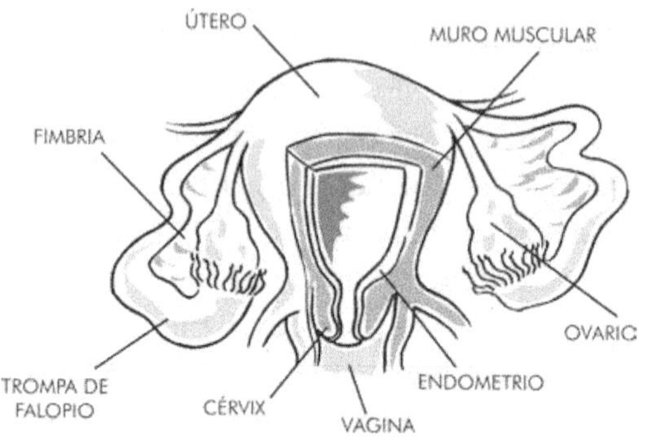

Descripción de los genitales internos femeninos.

- El **endometrio** es una capa mucosa que recubre el útero por dentro. Si no alberga ningún óvulo fecundado, esta capa mucosa se descama y se expulsa al exterior produciendo la menstruación, aproximadamente cada 28 días.

- Las **trompas de Falopio** son dos conductos que nacen a ambos lados del útero, y tienen el otro extremo libre para recoger el óvulo que libera el ovario. Es en las trompas donde se produce la fecundación (la unión del óvulo y el espermatozoide), y a través de ellas se transporta el óvulo fecundado hasta llegar al útero, donde se desarrollará el embrión.

El aparato genital masculino

En el hombre, el aparato genital es todo exterior. Se halla constituido principalmente por los testículos, el pene y las glándulas accesorias del aparato reproductor, es decir, las vesículas seminales y la próstata.

Los genitales externos e internos

- Los **testículos** son dos formaciones ovaladas, una derecha y otra izquierda, suspendidas dentro de una **bolsa escrotal**, la cual regula la temperatura del testículo. Están formados por los tubos

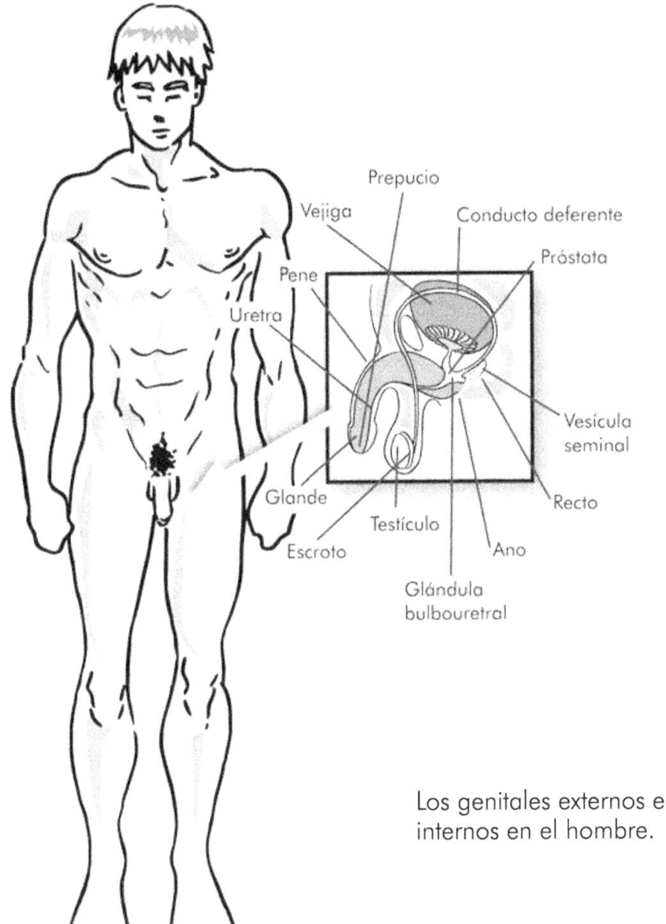

Los genitales externos e internos en el hombre.

Mitos sobre el pene

El más común es el del **tamaño del pene.** En el adulto, en estado de flacidez tiene una longitud de entre 5 y 10 cm. Erecto, aumenta hasta los 13 o 16 cm. El tamaño del pene es diferente en cada hombre y varía según las circunstancias. Por ejemplo, con el frío se encoge y si hace calor se dilata, y también cuando nos sentimos avergonzados o cohibidos se contrae. Todo nuestro cuerpo responde a las emociones, incluso el pene.

Quizá, tú o alguno de tus amigos no hayáis realizado alguna actividad deportiva por temor a que os vieran «en baja forma» en los vestuarios. Existe muy poca relación entre el tamaño del pene en estado flácido y cuando está erecto. Ya sabes: «¡El tamaño no hace un buen amante!».

seminíferos, donde se encuentran las células germinales, que producen los espermatozoides, y las células de Leydig, que producen las hormonas sexuales masculinas, responsables de las características sexuales externas.

- El **epidídimo** es el conducto que recoge los espermatozoides de los tubos seminíferos y que luego se transforma en conducto deferente, llegando hasta las vesículas seminales y los conductos eyaculadores. Las vesículas seminales producen el líquido seminal, que se mezcla con los espermatozoides formando el semen. Los conductos eyaculadores están cubiertos de una capa muscular que, al contraerse, expulsa la eyaculación al exterior.

- La **próstata** es una glándula del tamaño de una castaña, situada bajo el cuello de la vejiga urinaria y de las vesículas seminales. Está atravesada por los conductos eyaculadores, los cuales desembocan en la uretra posterior. La próstata es un elemento importante en el proceso de eyaculación y de erección.

¿Sabías que...?

- Dado que **la vagina** es un conducto muscular, **se puede contraer y relajar a voluntad.** Es importante que presente un buen tono muscular durante toda la vida, pues ello facilita las relaciones sexuales, favorece la recuperación tras un parto y evita los prolapsos genitales (descolgamiento del útero y la vejiga en la tercera edad). Te proponemos unos sencillos ejercicios para que la hagas trabajar. Se conocen como ejercicios de Kegel y puedes realizarlos en cualquier lugar y hora del día; nadie lo notará, sólo tú.

  Es fácil: se trata de contraer la vagina progresivamente y mantenerla en ese punto durante unos segundos; después la vas soltando hasta relajarla por completo. Imagínate un ascensor que va parando unos segundos (los que tú quieras aguantar) en cada planta hasta llegar al ático, y que luego baja igual. Si te es posible, puedes repetir este ejercicio cada día veinte veces seguidas. Ya ves que no es difícil, y tiene beneficios a corto y a largo plazo.

- El **pene** es un órgano de tejido eréctil con tres partes cilíndricas. Dicho tejido es comparable a una esponja: cuando se llena de líquido se hincha y aumenta de tamaño. Dos de los cilindros se hallan en la parte más posterior, son los cuerpos cavernosos, que se encargan de la erección; y el otro, ubicado en la parte anterior o ventral, es el cuerpo membranoso o esponjoso, que contiene la uretra.

  La base del pene se ancla en la pelvis. Su extremo lo constituye el **glande**, el cual alberga una hendidura que corresponde a la uretra, una de las partes más sensibles del pene, y está cubierto por una piel móvil denominada **prepucio.**

Problemas físicos

- **Fimosis.** En ocasiones, la piel móvil o prepucio no baja lo suficiente para dejar libre al glande, lo cual resulta molesto cuando hay una erección porque comprime dicha parte. Este problema se soluciona mediante una operación que consiste en cortar el prepucio, de manera que el glande siempre queda libre.

- **La citología** o **el papanicolau** es una prueba que se incluye habitualmente en la revisión ginecológica femenina. Consiste en tomar tres muestras de mucosa: dos en el cérvix y otra en la unión entre éste y la vagina. Sirve para obtener un **diagnóstico precoz** de un posible cáncer de cuello uterino y otras anomalías.
- **Los testículos están fuera** del cuerpo porque dentro de él la temperatura corporal no permitiría vivir a los espermatozoides. Para que éstos se desarrollen adecuadamente precisan una temperatura inferior a la corporal.
- Muchos pacientes **operados de próstata** tienen **problemas de erección**, pero la mayoría de los casos se solucionan con un tratamiento farmacológico. Las operaciones de próstata se realizan en hombres con cáncer de próstata, y eso ocurre en hombres mayores.
- Los chicos árabes y judíos acostumbran a estar circuncidados, es decir, tienen siempre el glande sin cubrir, al habérseles cortado el prepucio que lo cubría.

- **Frenillo corto.** Por debajo del glande existe una pequeña porción de piel que une éste con el prepucio. Cuando el pene se pone en erección, si el frenillo es demasiado corto hace deslizar el prepucio automáticamente hacia delante, produciendo dolor y malestar al intentar retirarlo hacia atrás.

Quienes padecen fimosis o frenillo corto experimentan mayores molestias durante la penetración que durante la masturbación. Ambos casos tienen una solución quirúrgica; se trata de intervenciones muy sencillas y definitivas que no producen ningún efecto secundario.

Tu fisiología. Conoce cómo funcionas

Hasta el momento hemos hablado de cómo es anatómicamente tu cuerpo, ahora hablaremos de cómo funciona.

En la fisiología del cuerpo humano, verás que el término «hormona» aparece con mucha frecuencia. Las hormonas son las responsables de tu maduración sexual, y de los cambios que experimentas durante la **pubertad.** Ésta se inicia entre los nueve y los dieciséis años, dependiendo de factores como la herencia genética, la nutrición, el clima y de si eres chico o chica (en los chicos comienza más tarde). Es importante saber esto para evitar preocupaciones innecesarias; compararse con chicos o chicas cuyos cuerpos ya han comenzado a cambiar quizá nos hará sentir incómodos y no acelerará nuestro proceso particular.

¿Qué son las hormonas?

Son mensajeras que transmiten mensajes de un lado a otro del cuerpo. Son sustancias químicas que la sangre transporta y que ponen en funcionamiento diversos órganos; por ejemplo, los ovarios, que fabrican estrógenos, y los testículos, que fabrican testosterona.

Seguro que has oído frases como: «No sé qué le pasa, debe tener las hormonas alteradas» o «ese comportamiento no es propio de él/ella, son sus hormonas las que hablan». Es muy común decir «las hormonas le salen por las orejas» para referirse a episodios relacionados con el enfado o la sexualidad.

Las hormonas sexuales masculinas se denominan andrógenos, y la más importante es la testosterona. Las hormonas sexuales femeninas son los estrógenos y la progesterona.

Las hormonas sexuales no serían posibles sin la hipófisis (una glándula alojada en la base del cráneo) y el hipotálamo (parte del cerebro), encargados de producir las principales hormonas mensajeras que dan órdenes a los ovarios y a los testículos para que fabriquen las hormonas sexuales. Es lo que se conoce por eje hipotálamo-hipofisario-gonadal. Este eje tiene la capacidad de autorregularse; es decir, cuando hay un exceso de hormonas sexuales se frena la hipófisis y el hipotálamo para que no ordenen fabricar más, y cuando faltan el eje se vuelve a activar.

Hormonas sexuales masculinas

La **testosterona**, principal hormona masculina, se produce en los testículos y es la responsable de que aparezcan en ti esas características físicas que te identifican como a un chico: la complexión física, el tono de voz, la distribución del vello o la grasa corporal, la musculatura…

Es también la que, después de la pubertad, hace aumentar el tamaño del pene, el escroto y los testículos, hasta aproximadamente los veinte años de edad. Constituye un elemento clave en la sexualidad, pues hace que los genitales se vuelvan sensibles y que aparezcan las sensaciones de deseo sexual y excitación ante determinados estímulos sexuales.

Hormonas sexuales femeninas

Las hormonas sexuales femeninas más conocidas son los **estrógenos** y la **progesterona**, y entre los estrógenos el más importante es el estradiol.

Estas hormonas se fabrican sobre todo en los ovarios, y son las responsables del desarrollo de los genitales y los caracteres sexuales secundarios que te identifican como chica: el desarrollo del pecho, la vagina y el útero, el ensanchamiento de la pelvis, el crecimiento y la distribución del vello corporal y la iniciación del ciclo menstrual.

También son las responsables de que te «sientas húmeda» cuando te excitas sexualmente.

El ciclo menstrual

Del ciclo menstrual lo que más conoces es la **menstruación,** pero ésta sólo constituye el comienzo del ciclo. La menstruación o regla es la manifestación externa de una serie de cambios que tienen lugar dentro del cuerpo femenino y cuyo fin es acondicionar el útero para la llegada de un óvulo fecundado. Este proceso se repite desde la **menarquía** (aparición de la primera regla) hasta la **menopausia** (cese natural de la menstruación). Cada ciclo menstrual dura unos veintiocho días (aunque también hay ciclos que rondan los veintidós o los cuarenta y cinco días y son perfectamente normales). Comienza con tres a

---

Mitos sobre la mestruación

Existen muchos mitos e ideas erróneos respecto a la menstruación, y también son muchos los nombres por los que se la conoce: regla, período... Pregunta a tus amigas, a tu madre, incluso a tu abuela. Seguro que te sorprenderán. Además, tú también tienes una historia que contar: la experiencia de la primera vez que apareció, las veces que llega de improviso y te pone en un aprieto, como cuando te manchó todo el pantalón (menos mal que llevabas aquel jersey para taparte), lo inoportuna que es cuando aparece justo el día que tenías planeado ir a la playa, las molestias que te produce en ocasiones, los repentinos cambios de humor... Pero su llegada también te recuerda que has cambiado, que ya no eres como antes, que tienes sentimientos y sensaciones nuevas y que los demás te ven diferente. Algunos de los mitos más comunes son curiosos: no puedes hacer salsa mahonesa cuando tienes la regla porque la salsa se corta, no puedes tocar las plantas porque se secan, no puedes bañarte porque se corta la regla, no puedes quedarte embarazada, no puedes beber cosas frías porque también se corta la regla, no puedes usar tampones porque se rompe el himen... Veamos alguno de ellos y analicemos si tienen sentido.

cinco días de sangrado por la vagina como consecuencia de la expulsión del revestimiento interno del útero (endometrio).

Los ovarios desempeñan un papel fundamental, pues son los que liberan periódicamente los óvulos y producen las hormonas sexuales femeninas. Dentro de los ovarios, los óvulos se hallan alojados en los folículos (glándulas en forma de saquitos), los cuales comienzan a madurar estimulados por una hormona que segrega la hipófisis. Al madurar, los folículos producen estrógenos, unas hormonas que actúan sobre el endometrio haciendo que proliferen y crezcan sus células, preparándolo así para la posible llegada de un óvulo fecundado. Hacia la mitad del ciclo, uno de estos folículos se halla más desarrollado que los demás y se rompe; entonces libera el óvulo ya maduro que contiene y que es acogido por una de las trompas de Falopio (éstas se alternan en cada ciclo). El folículo vacío se transforma en un «cuerpo amarillo» y produce progesterona, una hormona que también actúa sobre el endometrio para acabar de adecuarlo.

- *Durante la menstruación no te puedes quedar embarazada.* Éste es un mito muy extendido que ha perjudicado seriamente a quienes lo han creído. Durante la menstruación **sí te puedes quedar embarazada** si no utilizas tú o tu pareja un método anticonceptivo, pues no siempre puedes saber con exactitud en qué momento del ciclo has ovulado (recuerda las ovulaciones espontáneas).

- *No hay que bañarse.* Este mito es muy antiguo y ha ido desapareciendo con el tiempo; precisamente, cada vez más se acepta que durante la menstruación **la ducha es indispensable** por motivos de higiene. Sin embargo, hay muchas chicas que deciden no ir a la playa o a la piscina cuando tienen la regla por miedo a que se les corte. No hay de qué preocuparse; si bien es cierto que momentáneamente puede disminuir el sangrado, luego vuelve a aparecer.

- *Usar tampones rompe el himen.* El himen es una membrana flexible que recubre de manera incompleta la entrada de la vagina, y presenta un orificio por donde normalmente cabe un tampón. Sólo asegúrate de que su tamaño se corresponde con tu cantidad de flujo habitual.

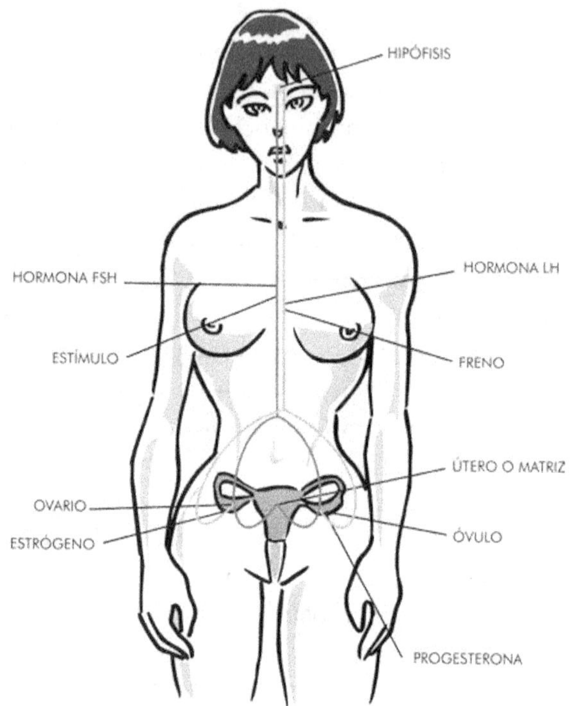

Funcionamiento del ciclo hormonal femenino.

Este momento crucial del ciclo se llama **ovulación,** y tiene lugar alrededor del día 14 del inicio de la menstruación. El óvulo maduro, en su recorrido por la trompa, tiene una vida de 48 horas, y es durante este tiempo cuando tienes más probabilidades de quedarte embarazada si tienes relaciones coitales sin precaución, es decir, sin utilizar tú o tu pareja ningún método anticonceptivo.

Si la fecundación no tiene éxito, o sea, si los espermatozoides masculinos no alcanzan el óvulo, no hay embarazo. Entonces, la capa mucosa del endometrio se descama y es expulsada al exterior, cerrando así el período menstrual y, a la vez, comenzando uno nuevo.

Sin embargo, el cuerpo femenino no es una máquina exacta, de modo que no resulta infrecuente que, en ocasiones puntuales, aparezcan ovulaciones espontáneas fuera de los días habituales, lejos del

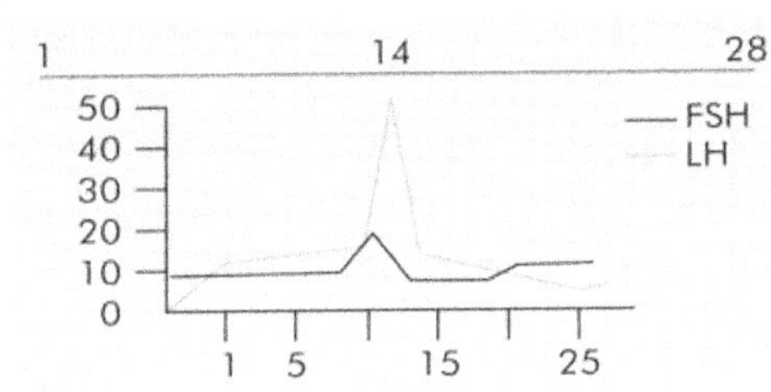

Nivel de secreción que alcanzan las hormonas de la hipófisis FSH (foliculoestimulante) y LH (luteoestimulante) según los días del ciclo menstrual.

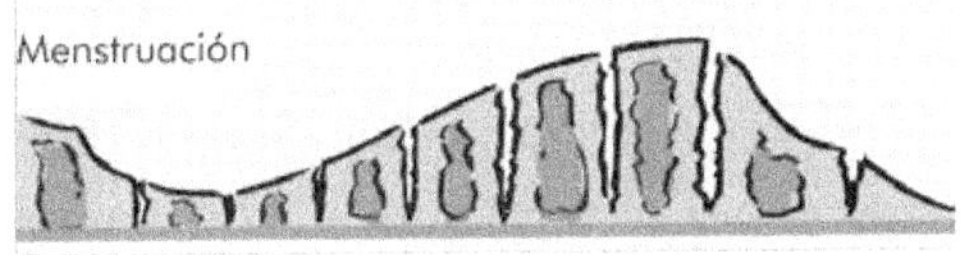

Ciclo menstrual: se observan los cambios que se producen en el endometrio desde una menstruación a la siguiente.

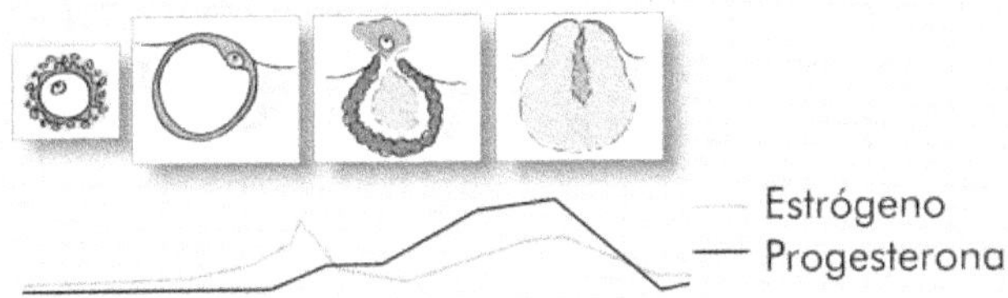

Ciclo ovárico. Los cambios que se producen en el ovario en función del día del ciclo: maduración folicular y producción hormonal de estrógenos y progesterona.

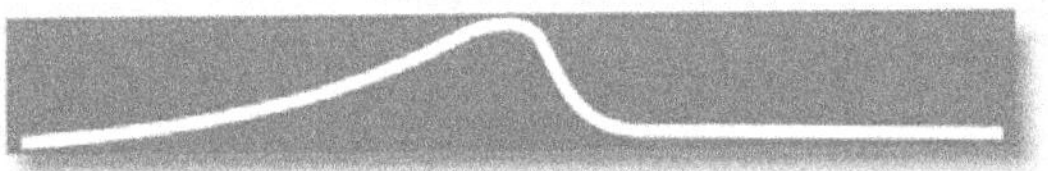

Se observan el cuello uterino durante la ovulación y la gráfica del flujo; cómo aumenta éste hacia la mitad del ciclo coincidiendo con la ovulación.

Días más fértiles y menos fértiles del ciclo menstrual. En negro los días de la menstruación, en gris los días menos fértiles y en blanco los días más fértiles. Se marca el día 14 como el de mayor fertilidad (recuerda que, sobre todo en chicas jóvenes, estos días pueden cambiar de un mes a otro, no es en absoluto fiable).

Diversas representaciones del ciclo menstrual.

día 14 del ciclo. Esto es la causa de muchos embarazos inesperados.

Después de toda la explicación anterior, ya estás preparado/a para conocer cómo reacciona tu cuerpo ante el sexo.

La respuesta sexual humana

Cuando hablamos de respuesta sexual humana nos referimos a la reacción que experimenta nuestro cuerpo ante una serie de estímulos que consideramos sexuales.

Los estímulos que provocan excitación no son iguales para todas las personas. Cada cual interpreta por sí mismo que un estímulo determinado es un estímulo sexual o no. Que un mismo estímulo se convierta en sexual para ti y no así para otra persona depende de muchos factores: de tu cultura y lugar de nacimiento, de las costumbres de tu familia, de lo que te han enseñado y has aprendido, del momento que vives, de tus sentimientos actuales e, indiscutiblemente, de si eres hombre o mujer.

Cuántas veces tu mejor amiga te ha contado la excitación que siente con sólo pensar en Eduardo; y, en cambio, tú, que lo cono-

---

Saber más...

- Las hormonas son sustancias químicas de composición variable que se producen en las glándulas endocrinas y que intervienen en distintas funciones orgánicas. La glándula más importante es la hipófisis, también denominada *pituitaria*.
- La hipófisis se localiza en la base del cráneo, debajo del encéfalo, alojada en el interior de una parte del hueso esfenoides llamada silla turca. Tiene forma ovoide y mide unos 10 mm. Se halla íntimamente relacionada con el hipotálamo y, junto con éste, tiene por finalidad regular las principales funciones del organismo, entre ellas: el crecimiento, el desarrollo, la sexualidad... Por su parte, el hipotálamo es una estructura cerebral que conecta el sistema nervioso con el hormonal y se encarga de regular la hipófisis.
- Tras ser estimulada por el hipotálamo, la hipófisis libera las gonado-

ces pero que miras «con otros ojos», no puedes entender qué le ve.

Y tú cuántas veces has pensado en esa sonrisa de Eva y, sin quererlo, has tenido una erección. Y tu amigo Eduardo no puede entender qué te atrae de ella, ya que no es guapa y tiene esa nariz rara.

Otras veces, en cambio, tú y tu amigo habéis coincidido en que Sharon Stone estaba imponente en aquella película, y en el cine los dos habéis experimentado el deseo mientras veíais una determinada escena.

Muchos autores han investigado la respuesta del cuerpo humano ante un estímulo sexual. Los investigadores más conocidos fueron Masters y Johnson, quienes estudiaron a hombres y mujeres y describieron la respuesta sexual humana clasificándola en cuatro fases: de excitación, de meseta, de orgasmo y de resolución.

Posteriormente, Singer Kaplan añadió una quinta fase, la del deseo sexual. Hoy aceptamos como válidas estas cinco fases para estudiar la respuesta sexual humana.

Esta respuesta sexual es fisiológica, es decir, que una vez se desencadena se desarrolla igual tanto si estás solo, con alguien de tu mismo sexo o del sexo contrario. Vayamos por partes.

---

tropinas LH y FSH y de la prolactina, hormonas fundamentales en la función reproductora y en el ciclo hormonal.

- Las hormonas hipofisarias: luteoestimulante (LH) y foliculoestimulante (FSH) son las encargadas de dar órdenes a los ovarios para que fabriquen los estrógenos y la progesterona y a los testículos para que fabriquen testosterona.
- Todos los órganos sobre los que actúan las hormonas tienen unos receptores específicos para cada hormona. La hormona debe unirse a su receptor para que el órgano realice la función corporal que le corresponda.
- El método que utiliza el organismo para regular la concentración de hormonas se denomina *retroalimentación negativa*. Consiste en inhibir la producción de hormonas si hay más cantidad de la necesaria, o por el contrario, estimularla si considera que hay poca cantidad.

Fase de deseo sexual

Como sabes, el deseo sexual se desencadena por múltiples y distintos estímulos. Se da por igual en los chicos y las chicas, si bien algunos de estos estímulos inciden más en ellos o en ellas. Por ejemplo, los **visuales** afectan con mayor intensidad a los chicos; ¿entiendes ahora por qué les gustan tanto las revistas de chicas o las películas porno? Los **táctiles** excitan mucho a las chicas, y también a los chicos; aunque algunos no lo sepan, todos necesitamos caricias. Los **olfativos** nos afectan casi igual; un perfume que nos gusta nos hace recordar a una persona, un lugar, una situación… Los **auditivos** sin duda excitan mucho más a las chicas: que les digan cosas cariñosas, les susurren al oído… Las **fantasías sexuales** constituyen un estímulo muy importante. Se dice que las fantasías de las chicas son más románticas y las de los chicos más sexuales, pero también que eso está cambiando.

Para que estos estímulos desempeñen su función, es evidente que tú tienes que estar motivado/a para interpretarlos. Tu mente ha generado un deseo sexual y si tú quieres secundarla todo tu cuerpo se pone en marcha.

Las demás fases de respuesta sexual humana son diferentes en función de si se trata de un chico o una chica. Veamos en qué consisten.

¿Sabías que...?

- Todos los organismos multicelulares producen hormonas, incluidas las plantas.
- Los hombres también producen estrógenos, pero en cantidades pequeñas.
- Las mujeres también producen testosterona, pero en cantidades pequeñas.
- El folículo ovárico que se queda vacío porque ha expulsado el óvulo se llama cuerpo lúteo o cuerpo amarillo.
- Las hormonas sexuales influyen en la salud, a veces de manera positiva y otras veces negativa: mantienen en buena forma el corazón, los vasos sanguíneos, los huesos y el cerebro; sin embargo, también pueden acelerar la extensión de los cánceres de mama o del aparato reproductor.

¿Qué pasa si eres un chico?

Fase de excitación

Una de las primeras cosas que notas es sin duda la erección del pene, que aumenta de longitud y grosor; pero también se producen otros cambios como la elevación de los testículos, el alisamiento del escroto,

Aumenta el riego sanguíneo en la zona pélvica y en el pene dando inicio a la erección.

El pene aumenta de longitud y diámetro y los testículos se elevan.

Respiración más rápida y el ritmo cardíaco se acelera.

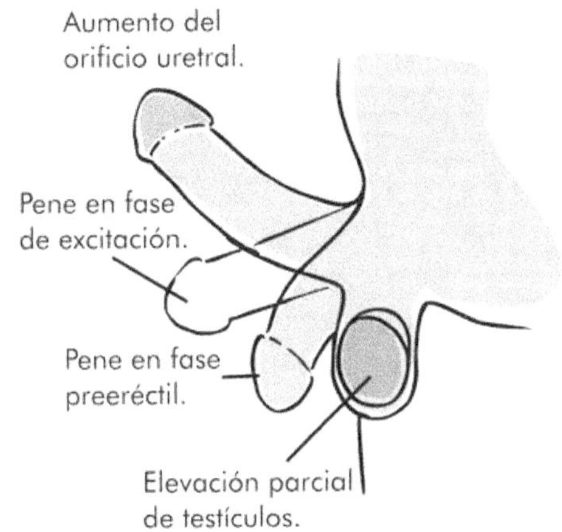

Fase de exitación.

- Durante las semanas 6-8 de vida intrauterina de un embrión femenino se alcanza el número máximo de células germinales que tendrá la mujer que se está formando (6-7 millones); a partir de este momento, se irán reduciendo de forma drástica hasta aproximadamente los cincuenta años, cuando en la menopausia se agota la reserva de óvulos.
- Los niveles de producción y circulación de testosterona (producida por los machos de todas las especies y las hembras de los primates y las humanas) contribuyen a garantizar el funcionamiento sexual. En machos con un bajo nivel de testosterona se observa una disminución de la motivación y la actividad sexual.
- Los estrógenos determinan, entre otras cosas, la receptividad sexual en las hembras animales durante el período de celo, también llamado estro (por el aumento de estrógenos que se produce).

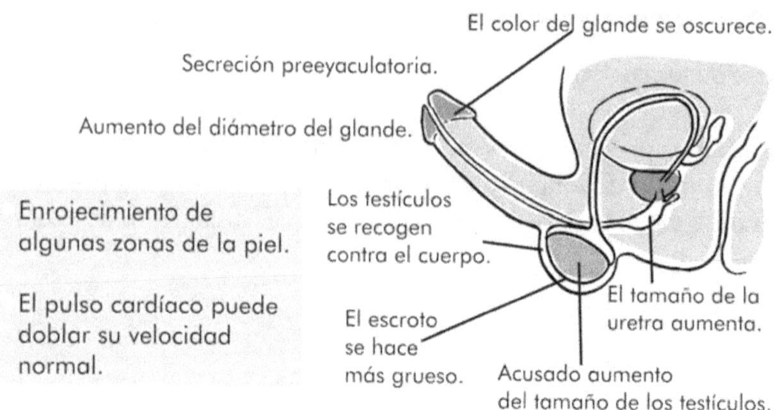

Fase de meseta.

el enrojecimiento de todo el cuerpo porque llega más sangre a la piel y, por supuesto, un aumento de la respiración y del ritmo cardíaco.

La rapidez con que se alcanza la erección varía de una persona a otra. Influye en ello sobre todo el grado de excitación, pero también la edad, el estado de salud general o incluso, como sabes, si ha habido otra erección previa. Los chicos jóvenes tienden a tener erecciones más rápidas que los mayores. También puede suceder en ocasiones que durante la actividad sexual disminuya o se pierda la erección; esto no es motivo de alarma, pues puede ser consecuencia del nerviosismo, de haber ingerido alcohol o no obedecer a ninguna causa específica.

Fase de meseta

Si el estímulo sexual continúa y nada lo impide, nuestro cuerpo sigue con los cambios, produciéndose una elevada y sostenida tensión sexual. El cuerpo se enrojece porque hay un mayor aflujo de sangre hacia la piel. Es como si los receptores de la piel tuvieran amplificadores. Haz la prueba. Desliza la mano por el brazo suavemente cuando no estés excitado y repítelo cuando sí lo estés. ¿A que no es lo mismo?

Como ves en el gráfico, el pene se endereza y se pone más rígido, el glande aumenta de tamaño, los testículos alcanzan su ascenso máximo y, como consecuencia de todo ello, se produce la eliminación de un fluido preeyaculatorio.

Fase de orgasmo

Si la estimulación sexual aumenta, se alcanza un nivel de tensión sexual muy elevado que conduce al umbral del orgasmo.

En esta fase, aparece una serie de contracciones rítmicas cada 0,8 segundos que impulsan la emisión de semen a través de la uretra, todo ello acompañado de una sensación de placer y bienestar generalizados.

Período de resolución

Los cambios generados por la excitación sexual vuelven a su estado inicial. Durante este período no se puede producir una eyaculación, aunque exista estimulación sexual. Es un período muy corto en la juventud y que aumenta con los años.

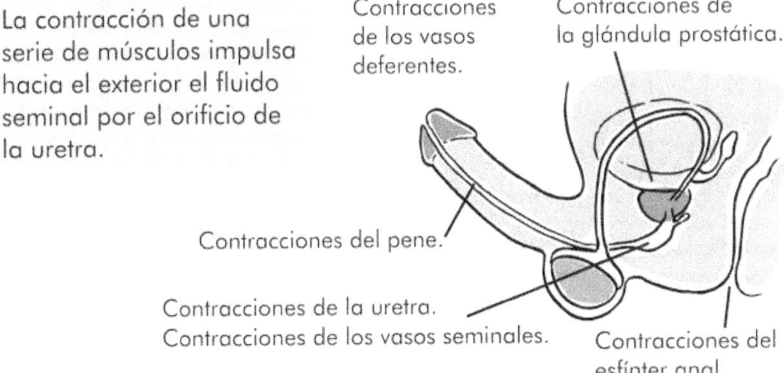

Fase de orgasmo.

¿Qué pasa si eres una chica?

Fase de excitación

A veces no tienes deseo sexual espontáneo, pero una caricia de tu pareja, un empezar..., «te activa». Externamente, observamos que se produce una mayor lubricación vaginal, que el tamaño de los labios mayores y menores aumenta. En el clítoris se produce una erección progresiva. Los pechos se vuelven más sensibles y hay erección de los pezones. Todo ello acompañado de un aumento del ritmo cardíaco, de la presión arterial y del tono neuromuscular en general.

La vagina se alarga hasta 2/3 de su tamaño inicial, lo cual ocurre porque el útero se pone más recto, casi a 90º, y el cérvix se separa de la vagina.

Fase de meseta

Esta fase se caracteriza por un alto nivel de tensión sexual. Se completan los cambios de la fase anterior; además, el clítoris se retrae hacia dentro, los labios mayores y menores se hinchan y la entrada de la vagina se contrae un poco para realizar la función de agarre por si se produce una penetración.

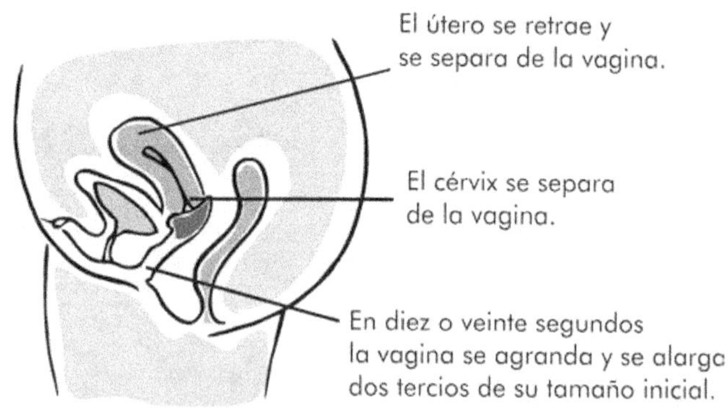

Esquema de perfil de los cambios que se producen durante la fase de excitación.

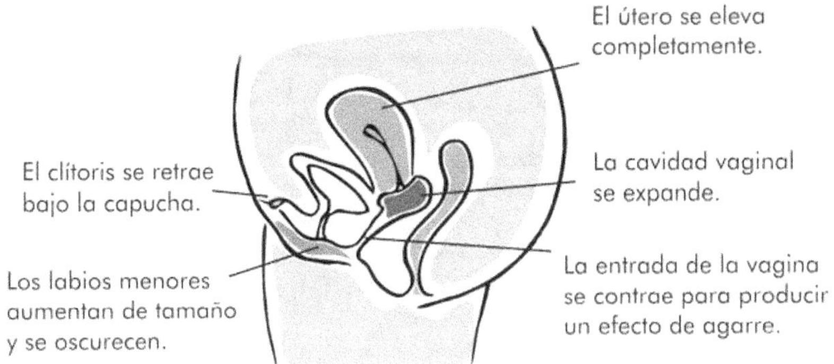

Esquema de los cambios que se producen en los genitales femeninos durante la fase de meseta.

Fase de orgasmo

Esta fase se describe de muchas maneras y cada mujer la vive de una forma diferente. A veces es un repentino estallido de calor y placer, otras notas las contracciones vaginales, incluso hay quienes afirman

---

Mitos e ideas erróneos

- ***La primera vez duele y sangras porque se rompe el himen.*** El primer coito no tiene por qué ser doloroso si los dos miembros de la pareja queréis mantener relaciones sexuales y ninguno os sentís presionado por el otro. Si habéis tomado las medidas preventivas necesarias para evitar un embarazo o una infección de transmisión sexual, vuestra mente estará, además, libre de miedos.

  Sin duda es importante dedicar previamente un tiempo a las caricias y al juego erótico, para que se produzca una respuesta sexual adecuada.

  Al romperse, el himen no tiene por qué sangrar necesariamente. De hecho, sabemos que ha podido romperse en múltiples situaciones que nada tienen que ver con la actividad sexual.

- ***Durante la menstruación no te puedes quedar embarazada.*** Esto es un error, ya lo hemos explicado en páginas anteriores.

- ***La marcha atrás es segura*** (el chico retira el pene de la vagina antes de eyacular). Cuando el pene entra en erección, aparece un líquido

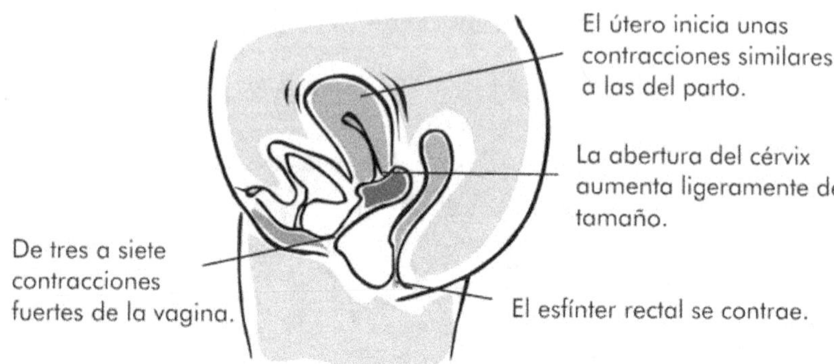

Esquema de los cambios que se producen en los genitales femeninos durante la fase de orgasmo.

perder el sentido durante unos segundos, y otras es la sensación de estar bien. Algunas mujeres pueden tener más de un orgasmo si el estímulo sexual continúa.

En la mujer no existe fase de resolución como en el hombre. La mujer, después de un orgasmo, puede inmediatamente volver a excitarse y reproducir una nueva respuesta sexual.

---

que humedece el glande, denominado líquido preseminal. Este líquido aparece mucho antes de eyacular, pero ya puede contener espermatozoides y, por tanto, existe el riesgo de embarazo.

- **La primera vez no te puedes quedar embarazada.** Fisiológicamente, tu organismo funciona y reacciona igual ante la primera relación sexual con penetración que ante las demás. El riesgo de que te quedes embarazada es el mismo siempre.
- **Tienes que dar la talla.** Esta expresión se utiliza sobre todo referida a los chicos, aunque cada vez más también a las chicas. La sexualidad se aprende y se comparte y con cada pareja se expresa de distinta manera. Nadie es mejor que otro. Si una persona no está predispuesta, aunque tenga el mejor amante del mundo, no disfrutará de una relación sexual.
- **No puedes decir que no una vez que se empieza.** Tu sexualidad es tuya, y tú decides siempre y en cada momento qué te apetece hacer y hasta dónde quieres llegar. No es algo que te puedan imponer. La compartes con quien quieres y cuando quieres.

Capítulo 3
Sexualidad sana (sexo y salud)

En este capítulo hablaremos de tres temas íntimamente relacionados con la sexualidad. En primer lugar te explicaremos todo lo referente al embarazo: cómo ocurre, por qué sucede cuando menos lo esperamos y cómo superar la difícil situación que se nos plantea ante un embarazo no deseado.

En segundo lugar abordaremos la cuestión de los métodos anticonceptivos; te daremos a conocer todos los que existen, explicándote cuáles son sus ventajas y sus inconvenientes, y cómo usarlos.

Por último, hablaremos de las enfermedades de transmisión sexual, sobre las cuales también hay novedades que es fundamental conocer para disfrutar de verdad de una sexualidad sana y placentera.

El embarazo

En este apartado vamos a comentar cómo es el proceso de embarazo y qué cambios suponen para la mujer. Y, a continuación, veremos qué sucede cuando el embarazo se da en mujeres muy jóvenes y en adolescentes.

La fecundación

Se produce en una de las trompas de Falopio, por la unión del óvulo con el espermatozoide. De los aproximadamente trescientos millones de espermatozoides que se depositan en la vagina en una eyaculación, solamente un centenar llegarán a la trompa y, de éstos, sólo el mejor dotado puede penetrar en el óvulo y fecundarlo.

Cuando esto ocurre, el óvulo crea una barrera protectora a su alrededor que impide la entrada de más espermatozoides.

El espermatozoide elegido se desprende de la cola e introduce la cabeza con toda su carga genética en el óvulo, entrando en contacto con la de éste. Se forma así el denominado huevo o cigoto. En el momento en que ambas cargas genéticas se fusionan se produce la fecundación.

Doce horas después de la fecundación, las dos células originarias del huevo (óvulo y espermatozoide) empiezan a dividirse. Cada doce o quince horas las células se multiplican por dos, transformándose en una bola de aspecto similar al de una mora, y cuando alcanza aproximadamente las cien células se transforma en blastocito, alrededor del tercer día después de la fecundación, coincidiendo con su llegada a la cavidad uterina. Hacia el octavo día se implanta en el endometrio, que está preparado por las hormonas para acogerlo y proporcionarle las sustancias nutritivas necesarias para su desarrollo.

¿Cómo puedes sospechar el embarazo?

El primer síntoma que hace sospechar un embarazo, si has tenido actividad sexual sin protección, es la ausencia de menstruación el día aproximado que correspondería. Sin embargo, el retraso de la menstruación no siempre significa un embarazo. Ya sabes que si estás muy preocupada o has tenido un disgusto importante también se puede retrasar.

Las náuseas y los vómitos matutinos, por lo general ocasionados por olores concretos, así como los trastornos del gusto y del hambre también son indicativos.

Por último, si experimentas un aumento de la sensibilidad y del tamaño del pecho, debes realizar una visita al ginecólogo para que confirme tus sospechas. De todas formas, siempre que tengas dudas, consulta.

¿Cómo puedes confirmarlo?

Mediante una sencilla prueba de orina se puede detectar la presencia de una hormona que produce la placenta. Seguro que has oído hablar de esta prueba. Puedes solicitar al farmacéutico que te recomiende una de las marcas que la comercializan.

Sin embargo, la rotunda confirmación de que existe un embarazo en curso y de que el huevo está implantado donde corresponde, no puedes tenerla hasta que se realiza una primera ecografía (a partir de la semana seis) y se auscultan los latidos cardíacos del embrión.

Cambios físicos y psicoemocionales

Una gestación normal dura entre 38 y 42 semanas, tomando como punto de partida el primer día de la última menstruación.

Paralelamente al desarrollo del embrión se van produciendo cambios físicos y emocionales en la embarazada, que se acusan más a medida que transcurren los meses.

- Los *cambios físicos* más notables son el incremento del flujo vaginal y de la vascularización en la vulva, la mayor elasticidad de la vagina, el aumento del tamaño del útero y el de las mamas, y una mayor sensibilidad en las mismas. Pero también hay cambios en el sistema hormonal, cardiorrespiratorio, circulatorio, digestivo, urinario, en la piel y los huesos, además, evidentemente, de un aumento de peso corporal y del abdomen.

- Los *cambios psicoemocionales* se deben a la adaptación forzosa a la nueva situación de responsabilidad que significa gestar y tener un hijo. La mezcla de sentimientos de gozo y a la vez de preocupación, la inquietud e incluso el miedo al parto, la ansiedad, las dudas… influyen en el ánimo de la mujer. Compartir el proceso con la pareja y los seres queridos y contar con el soporte técnico y humano del equipo de obstetricia supondrán una ayuda inestimable.

El parto

El parto es un proceso biológico natural para el cual toda mujer está perfectamente preparada. Cada parto es distinto y cada mujer (y su pareja) lo vive de diferente manera. Los analgésicos y las anestesias reducen enormemente el dolor del parto, y, con ello, se consigue que la mujer esté más relajada y predispuesta a cooperar activamente en él.

Unas dos semanas antes de la fecha probable del parto aparece una serie de síntomas indicadores de que el momento se acerca: el abdomen desciende, hay necesidad de orinar con más frecuencia debido a la presión que ejerce el feto sobre la vejiga, las digestiones se hacen más lentas, existe la sensación de mayor pesadez en las piernas, y aparecen dolores abdominales, es decir, contracciones esporádicas sin ritmo alguno e indoloras.

Se considera que el parto comienza cuando aparecen contracciones rítmicas que no ceden en reposo ni al cambiar de posición y que, progresivamente, van aumentando de intensidad, duración y frecuencia (cada 5-8 minutos y durante una hora); cuando se experimenta un sangrado importante, o bien cuando se rompe la bolsa de aguas, haya o no contracciones.

El parto consta de tres períodos:

- **Período de dilatación:** tiene una duración variable (de 4 a 12 horas si es el primer parto, y de 2 a 8 horas en los sucesivos) dependiendo de cada mujer. Durante este tiempo el cuello uterino debe dilatarse completamente (unos 10 cm) para dejar pasar al bebé.
- **Período expulsivo:** desde que se alcanza la dilatación completa hasta el nacimiento del bebé. Es frecuente, sobre todo en mujeres *primíparas*, realizar una episiotomía para facilitarle la salida.
- **Período de alumbramiento:** desde la salida del bebé hasta el desprendimiento y la expulsión de la placenta.

Tras el parto comienza una nueva etapa caracterizada por cambios muy importantes: el nuevo ser precisa una atención continuada y responsable, y la madre debe recuperarse del esfuerzo físico del parto. Esta etapa se llama *puerperio* o *cuarentena,* y dura entre seis y ocho semanas.

Es frecuente que la mujer experimente episodios de tristeza y ganas de llorar, le duelan los genitales y las mamas y tenga la sensación de que la nueva situación le desborda. En esta fase el cambio hormonal es muy acusado, y sumado al desajuste emocional puede conducir a una pequeña depresión posparto. Nada que no pueda superarse con una previa preparación a la maternidad y la ayuda y la comprensión de los seres queridos, en especial de la pareja.

Si el parto se convierte en *cesárea,* para algunas mujeres puede suponer una pequeña decepción por no haber podido concluir todo el

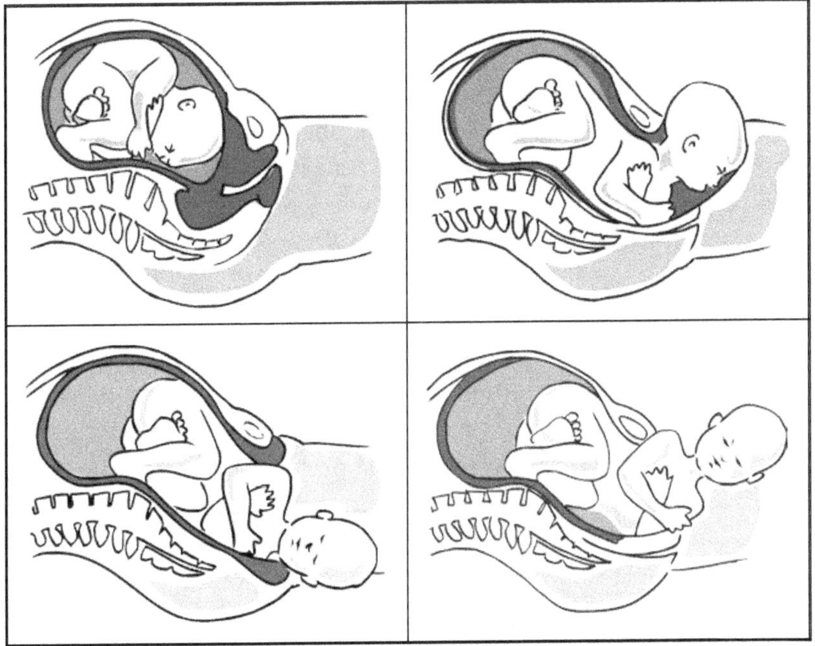

Etapas de la dilatación del cuello uterino. Al mismo tiempo que se producen los cambios del cuello uterino, el feto se adapta al canal del parto, rota en su interior y desciende, para finalmente salir al exterior. Primero se desprende la cabeza, luego los hombros y, finalmente, la pelvis.

proceso por la vía natural; aunque el resultado en ambos casos es la ilusión por el nacimiento del bebé.

¿Qué ocurre con la sexualidad durante el embarazo?

Sobre este tema existen muchos mitos. Básicamente, la sexualidad continua siendo como era antes del embarazo, es decir, satisfactoria o insatisfactoria, y dependerá mucho de si el embarazo es deseado o no.

Durante el primer trimestre del embarazo, el estado físico en que se encuentre la mujer (náuseas, vómitos, mareos…) influirá en las ganas de mantener o no relaciones sexuales. Por lo general, suele haber menos actividad sexual.

Durante el segundo trimestre la mujer se encuentra más predispuesta sexualmente. Los cambios que se producen en su cuerpo provocan una mayor vascularización en la zona genital y, en consecuencia, experimenta una mayor sensibilidad; además, ya está acostumbrada a estos cambios y está segura de que su embarazo va bien.

Durante el último trimestre, sobre todo hacia el final del embarazo, suele disminuir de nuevo la actividad sexual de la mujer y su pareja; el volumen que ha adquirido su abdomen hace que se sienta «un poco torpe» y que le cueste moverse en la actividad sexual; pero fundamentalmente sucede que su mente está ocupada pensando en el parto y en el nacimiento de su futuro hijo.

Después del parto y durante el puerperio o *cuarentena*, disminuye la producción de las hormonas sexuales (estrógenos y progesterona) y, en cambio, aumenta la liberación de la prolactina, que es la hormona que hace posible la producción de la leche materna. Este estado hormonal influye de manera negativa en el deseo sexual y en el estado emocional de la mujer (algunas sufren una depresión posparto).

La respuesta sexual se recupera progresivamente: a los tres meses del parto la capacidad orgásmica es igual o algo superior a la que existía antes y la mayoría de mujeres ya han reanudado las relaciones coitales.

En las mujeres que han realizado algún curso de preparación al parto y están informadas su respuesta sexual y su actividad sexual se recuperan antes. El miedo al dolor, la falta de información y el miedo a un nuevo embarazo son algunos de los factores que caracterizan a las mujeres con recuperación tardía. Debido a las modificaciones hormonales mencionadas, la mujer que opta por la lactancia materna tiene peor respuesta sexual que la mujer que no da de mamar.

El embarazo en adolescentes es embarazo de riesgo

El embarazo puede ser una de las mejores etapas de la vida de una mujer y de su pareja si es deseado. Sin embargo, también puede suponer una crisis muy importante si no lo es, y si, además, se da en personas jóvenes que no tienen autonomía, el impacto negativo es mucho mayor.

Es posible que hayas tenido alguna experiencia cercana, y sabes lo mal que se pasa y el gran sufrimiento que conlleva para la pareja y para sus respectivas familias.

Los motivos por los que una chica joven se queda embarazada son diversos. Influye el grado de madurez, las relaciones de pareja, las relaciones en el entorno familiar y el grupo de amigas, las creencias, la formación... En ocasiones, incluso la fantasía de ser madre o de crear una familia a su gusto, el deseo de independizarse de los padres o de querer convertirse de repente en adulta.

Determinados factores pueden conducir a una adolescente a buscar relaciones insanas que acaban siendo fuente de malestar y desembocan en un embarazo no deseado. Por ejemplo: la baja autoestima, el querer complacer por miedo a no ser aceptada, el pertenecer a familias conflictivas o desestructuradas, entre otros.

Un embarazo a tan corta edad interrumpe el desarrollo y la evolución personal de la joven y le produce sentimientos de culpa, ira, miedo o depresión, llegando en ocasiones a negar el embarazo y a ocultarlo. Es indiscutible que una madre adolescente tiene menos posibilidades de desarrollarse social y académicamente y, por tanto, laboralmente. Al final, acaba teniendo menos autonomía y más dependencia de la familia. Por otra parte, la mayoría de veces la pareja se rompe, como suele ocurrir en las primeras parejas que se forman de jóvenes.

Cuando una joven descubre que está embarazada, le embargan sentimientos de culpa y de soledad; no sabe con quién comentarlo pero necesita contarlo, busca a la pareja si la tiene, a las amigas... Pero sabe que no es suficiente, sabe que tiene que decírselo a sus padres. Cuando no le queda más remedio, piensa que lo mejor es empezar contándoselo a su madre; está segura de que se enfadará mucho, pero prefiere su enfado que enfrentarse a su padre. Siente que les ha decepcionado, que de alguna manera les ha fallado.

Si alguien de tu alrededor se encuentra en esta situación, recomiéndale que **se lo explique a sus padres,** y aplícate a ti lo mismo. Muchos años trabajando con padres y adolescentes nos avalan para decir que ante una situación como la planteada, primero viene el enfado de los padres, pero después éstos siempre apoyan al hijo o la hija. Los hijos son lo más importante para los padres, y son ellos los que al final están ahí, cuidándolos y apoyándolos.

Si, a pesar de todo, te parece imposible explicárselo a tus padres, siempre puedes contar con profesionales de los centros de planificación familiar, tu médico de familia o la enfermera del ambulatorio, que te ayudarán a plantearles la situación y a cuidarte en la decisión que tomes.

Recuerda que el embarazo en la adolescencia obliga a tomar una decisión crucial: continuar y llevarlo a término o no.

Si la joven decide seguir adelante con su maternidad, le espera una sucesión de circunstancias que pueden desembocar en numerosos problemas físicos, psicológicos y sociales. Por lo general, recibe apoyo familiar, pero es la madre de la chica la que suele acabar asumiendo el papel no de abuela sino de madre del recién nacido. Y la joven pierde la oportunidad de vivir la vida que le correspondería según su edad.

Los embarazos en la adolescencia comportan más riesgo para las madres y para los recién nacidos. Las gestantes adolescentes tienen más probabilidades que las mayores de veinte años de tener partos prematuros (antes de finalizar la semana 37). También presentan más problemas de alimentación, mayor riesgo para la salud (anemias, hipertensión, diabetes...) y más complicaciones en el parto.

Por otro lado, los bebés que nacen antes de término tienen muchas más probabilidades de presentar problemas de salud y de morir.

Si, por el contrario, la joven opta por interrumpir el embarazo, el problema tampoco desaparece tan rápido. Esta decisión le produce ansiedad y malestar, pues significa un antes y un después en su vida.

Métodos anticonceptivos

Para evitar encontrarte en la situación que hemos comentado anteriormente, debes ser responsable con tu sexualidad. El disfrutar y compartir no está reñido con la responsabilidad. Es más, si tienes relaciones coitales y no utilizas un método anticonceptivo seguro, cada mes estarás preocupada pensando en un posible embarazo o en una posible enfermedad de transmisión sexual, y, desde luego, ésa no es la mejor manera de disfrutar de tu sexualidad.

¿Cuántas veces has oído esto: «por una vez no pasa nada», «yo no utilizo nada y no me quedo», «mi pareja controla»...? ¿Y cuántas otras: «no lo entiendo, no sé cómo me he podido quedar embarazada»?

Actualmente, **hay métodos anticonceptivos muy fiables**, tanto para evitar el embarazo como para la salud de las personas. Y seguro que alguno de ellos es el mejor para ti en este momento de tu vida.

Todos los métodos anticonceptivos tienen ventajas e inconvenientes. No existe un método ideal para todas las personas. La elección de uno u otro dependerá de distintos factores que variarán a lo largo de tu vida. Es importante que tengas una buena información sobre todos los

---

Mitos sobre el preservativo

Existen muchos mitos sobre el uso del preservativo. Seguro que has oído frases como: «no es lo mismo», «no se disfruta igual», «no es espontáneo». Son opiniones de quienes no lo han utilizado nunca o en muy pocas ocasiones.

Te proponemos un ejercicio: toma un preservativo, póntelo en uno o dos dedos de tu mano y con la otra mano tócate los dedos cubiertos por el preservativo. ¿Lo notas? ¡Por supuesto que sí! Además de sentirlo, también puede ser divertido utilizarlo. Ya sabes que hay de diferentes colores, sabores y texturas. ¡Usa tu imaginación!

métodos que existen y que sepas lo que ofrece cada uno. Recuerda que todos impedirán un embarazo no deseado, pero sólo el preservativo evitará que contraigas una enfermedad de transmisión sexual (ETS).

A continuación, realizamos una clasificación de todos los métodos anticonceptivos, aunque sólo describimos en profundidad los que son más adecuados para ti.

Métodos reversibles

Son aquellos que puedes dejar de utilizar cuando decidas, bien sea para planificar un embarazo, para cambiar de método o por otros motivos.
Dentro de los métodos irreversibles se encuentran:

* **Métodos de barrera:** preservativos y diafragma.
* **Métodos hormonales:** píldora, píldora de emergencia, anillo vaginal, parche hormonal, implante subdérmico, DIU de liberación hormonal e inyectables.
* **Métodos mecánicos:** dispositivos intrauterinos (DIU).
* **Métodos naturales:** el sintotérmico, Ogino-Knaus.
* **Métodos químicos:** espermicidas.

Métodos irreversibles

Son métodos quirúrgicos definitivos. Se recurre a ellos cuando se tienen razones de peso para efectuar una esterilización.

Como métodos irreversibles tenemos la **ligadura de trompas** en la mujer y la **vasectomía** en el hombre.

Preservativo masculino o condón

Es una funda delgada de látex, poliuretano o silicona, con la que se recubre el pene cuando está en erección. Retiene el semen, impidiendo que los espermatozoides entren en la vagina. Es de un solo uso, no tiene efectos secundarios ni necesita ningún control médico.

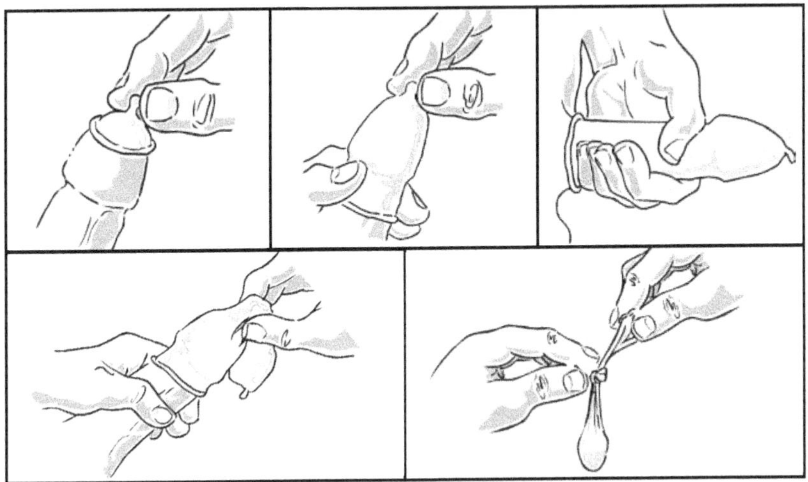

Forma de colocar (arriba) y retirar (abajo) el preservativo masculino.

Es el método más adecuado en la adolescencia y la juventud, porque evita un embarazo y protege frente a las enfermedades de transmisión sexual, entre ellas el **sida**.

Es importante colocarlo correctamente, ya que los fallos que puedan aparecer suelen deberse a una mala colocación, a una retirada inadecuada o a la rotura del preservativo por no saber cómo utilizarlo.

- *Colocación.* Se coloca con el pene erecto siempre antes de la penetración. Se presiona la punta del preservativo y se desenrolla a lo largo del pene hasta su base. Es necesario dejar un espacio libre y sin aire en el extremo superior para retener el semen sin producir la rotura del condón.

- *Retirada.* El momento adecuado para retirar el preservativo es antes de perder la erección, porque si no, se puede quedar dentro de la vagina. Despues de usarlo, nunca debe desecharse a través del inodoro, sino a través del contenedor de basuras no reciclables.

El preservativo es un método muy seguro, con una fiabilidad del

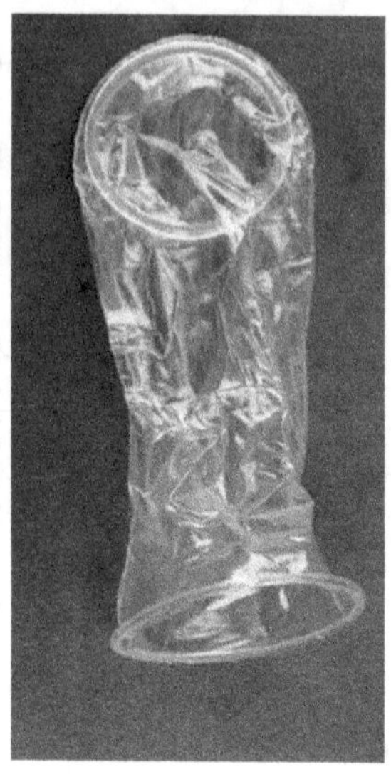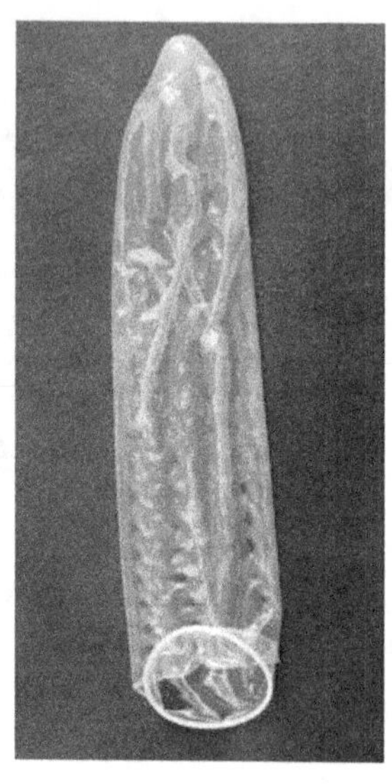

Modelos de preservativos: femenino, a la izquierda, y masculino, a la derecha.

88-96 %. Sin embargo, cada vez hay mayor número de parejas que utilizan una doble protección, con el empleo simultáneo de dos métodos: la chica un anticonceptivo hormonal y el chico el preservativo. De este modo, os prevenís al mismo tiempo de un posible embarazo y de contagiaros de una enfermedad de transmisión sexual.

La protección es tan importante para ti como para tu pareja. Es aconsejable que antes de iniciar relaciones con penetración lleguéis a un acuerdo para decidir qué método anticonceptivo vais a usar.

- *¿Qué hacer si se rompe el preservativo?* Si esto ocurre, existen bastantes posibilidades de que se produzca una fecundación, y con ella un embarazo, aunque no se haya eyaculado en la vagina; de modo que debes acudir a un centro sanitario y solicitar la anticoncepción de emergencia, es decir, la llamada píldora poscoital o «del día después». Tienes un plazo máximo de 72 horas desde el momento del coito de riesgo, ya que su efectividad, aunque es elevada, disminuye con el paso del tiempo. La píldora es gratuita y puedes solicitarla aunque seas menor de edad. También debes considerar el posible contagio de alguna enfermedad de transmisión sexual.

Preservativo femenino

Es menos conocido y se utiliza menos que el preservativo masculino. Consiste en una funda de plástico transparente, con dos anillos en sus extremos, que se ajusta a las paredes de la vagina y funciona de forma similar al preservativo masculino. Es tan fácil de utilizar como introducirse un tampón.

Ofrece la misma protección que el preservativo masculino: frente a un embarazo no deseado y a posibles infecciones de transmisión sexual.

Métodos hormonales

Los métodos hormonales se basan en sustancias químicas, semejantes a las hormonas sexuales femeninas, que actúan sobre el ciclo hormonal de la mujer impidiendo la ovulación y, por consiguiente, el embarazo. Son métodos anticonceptivos muy seguros y eficaces.

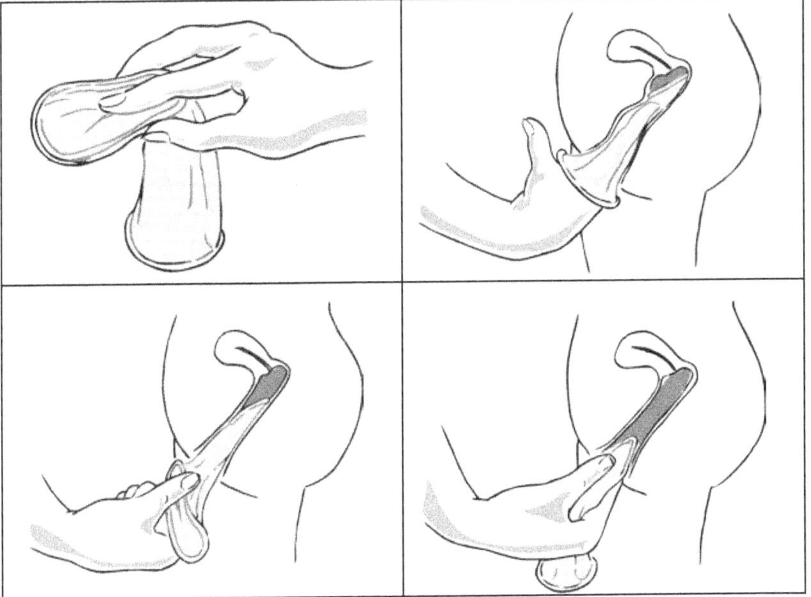

Forma de colocar (arriba) y retirar (abajo) el preservativo femenino.

> **¿Sabías que...?**
>
> • Para aprender a utilizar correctamente el preservativo en el momento del coito, puedes practicar durante la masturbación, así te acostumbrarás a manejarlo.
> • Antes de usarlo mira siempre la fecha de caducidad que indica el envoltorio, ábrelo por donde te indica y guárdalo en un sitio seco y accesible para que no se estropee ni se te olvide llevártelo.
> • Si usas un lubricante, éste ha de ser acuoso. Asegúrate de que en la etiqueta se indica que no daña el preservativo.
> • Una vez utilizado, tíralo a la basura —no al váter— y comprueba que no está roto.

Existen varios tipos: la píldora, el anillo vaginal, el parche hormonal, los inyectables hormonales, los implantes hormonales, la anticoncepción de emergencia (también conocida como «píldora del día después») y el dispositivo intrauterino (DIU) Mirena (que explicaremos cuando hablemos de estos dispositivos).

La píldora

La mayoría de píldoras anticonceptivas son combinadas, porque contienen hormonas similares a las que producen tus ovarios: estrógenos y progestágenos. También existen píldoras que sólo contienen gestágenos. Tu médico te indicará qué píldora es la más adecuada para ti.

Hoy en día se dispone de píldoras que, además de ser muy eficaces para evitar embarazos y de tener menos efectos secundarios, ofrecen ventajas como aliviar el dolor menstrual y paliar las alteraciones de la piel como el acné.

• *¿Cómo se utiliza?* Existen diferentes tipos y presentaciones. Hay envases de 21, 22 y 28 comprimidos. Se toma diariamente y a la misma hora.

En el primer mes que se inicia este método, la toma de la primera píldora ha de coincidir con el primer día de la mens-

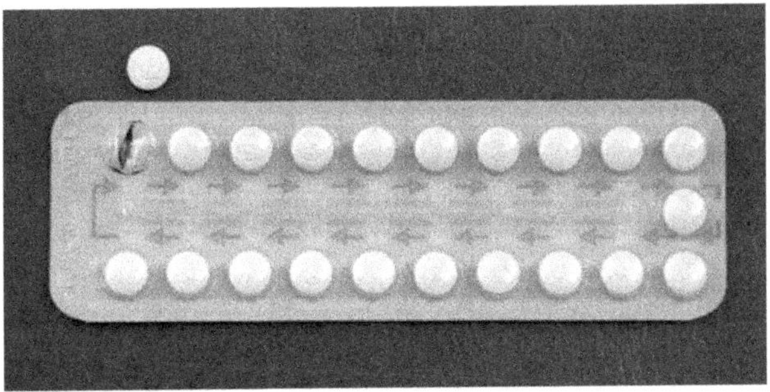

Presentación habitual de las píldoras anticonceptivas.

truación, los días siguientes se toma un comprimido por día a la misma hora hasta terminar la caja.

En el caso de que la caja contenga 21 comprimidos, cuando éstos se acaban se descansa una semana, durante la cual aparece la menstruación. Concluida la semana, se reinicia el proceso con una nueva caja.

Si hay 22 comprimidos se descansan seis días y se vuelve a comenzar.

Cuando la caja contiene 28 comprimidos no se realiza descanso, se acaba una caja y se comienza con otra nueva, apareciendo la menstruación mientras se toman las últimas píldoras.

- *¿Qué hacer si olvidaste tomar una píldora?* Si han transcurrido menos de 12 horas desde la hora de ingesta habitual, tómala inmediatamente y prosigue la toma diaria hasta terminar el envase. En este caso, la eficacia no disminuye. Por el contrario, si han transcurrido más de 12 horas, la eficacia anticonceptiva puede haber disminuido. Continúa tomándola, pero debes consultar a tu médico o utilizar preservativos hasta la próxima menstruación.

- *¿Qué hacer si después de tomar la píldora tienes diarrea o vómitos?* Si tienes diarreas o vómitos antes de que hayan transcurrido 4 horas de haber tomado la píldora, debes tomarte otra nueva,

Mitos y dudas más frecuentes

- *La píldora tiene muchos efectos secundarios.* Como todos los fármacos, en mayor o menor medida, puede causar efectos secundarios. Los más frecuentes son cefalea, náuseas, dolor en los pechos y sangrado irregular, especialmente cuando se inicia este método, pero suelen desaparecer a los dos o tres meses.
- *Te protege frente a las enfermedades de transmisión sexual.* Ningún método de anticoncepción hormonal protege contra las enfermedades de transmisión sexual. Por ello, en las relaciones de riesgo, es recomendable usar también un preservativo.
- *La píldora engorda.* La píldora anticonceptiva no engorda; sin embargo, algunas mujeres experimentan mayor retención de líquidos.
- *Requiere períodos de descanso.* La píldora no requiere períodos de descanso, salvo que decidas dejarlas para cambiar de método anticonceptivo o porque desees quedarte embarazada. Ve con cuidado, en muchas ocasiones se producen embarazos no deseados durante estos períodos de descanso.
- *En la semana de descanso te puedes quedar embarazada.* Si te tomas la píldora siguiendo la pauta que indica el prospecto, tienes protección durante todo el ciclo menstrual, también durante la semana de descanso.
- *Si la tomas durante mucho tiempo te puedes quedar estéril.* La píldora no afecta a la fertilidad, sólo impide la ovulación.

porque tu organismo aún no la habrá absorbido por completo y no tendrá efecto. Por ello es importante que tengas una caja de píldoras de reserva de donde poder tomar una de nuevo.

El anillo vaginal hormonal

Consiste en un anillo de plástico flexible, suave y transparente, de 5 cm de diámetro, que contiene hormonas muy parecidas a las de la píldora, las cuales va liberando poco a poco durante todo el mes. Impide la ovulación y sus efectos secundarios son similares a los de la píldora.

- *¿Cómo se coloca?* El primer anillo se puede colocar desde el primer día de la regla hasta el último, pero, igual que con la píldora, es aconsejable utilizar también preservativos durante el primer mes de uso. La colocación es muy sencilla y cómoda. Se dobla y se introduce como si fuera un tampón. Para retirarlo sólo hay que introducir el dedo en la vagina, cogerlo y sacarlo.

* *¿Cómo se utiliza?* En cada caja hay un anillo que te sirve para un ciclo completo. Se coloca dentro de la vagina durante tres semanas seguidas, y al finalizar la tercera semana se retira y se descansa una semana, durante la cual aparece la menstruación. Al acabar la cuarta semana se coloca un nuevo anillo.

La composición del anillo es similar a la de la píldora, por lo cual actúa de la misma manera. Se diferencian en la vía de administración (en este caso vaginal), la pauta de administración (mensual y no diaria) y que al no pasar por el estómago no hay riesgo de mala absorción hormonal en caso de producirse diarrea o vómitos.

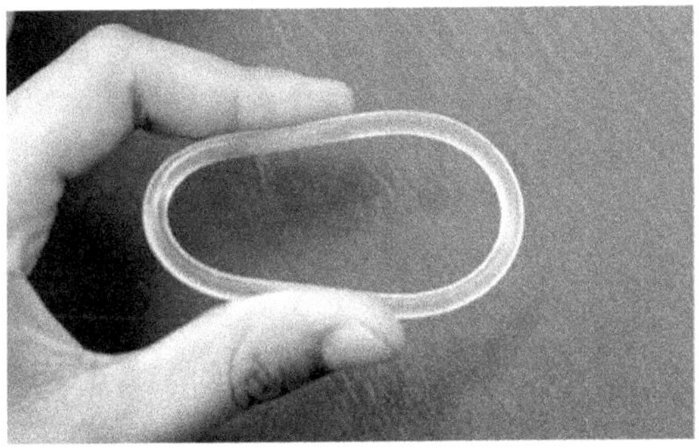

Imagen de un anillo vaginal hormonal.

Dudas más frecuentes

* *¿Se nota al tener relaciones sexuales con penetración?* No se nota ni al tener relaciones ni al realizar tus actividades cotidianas.
* *¿Se pueden utilizar tampones con el anillo puesto?* Sí.
* *¿Se puede utilizar junto con los preservativos?* Sí.

El parche hormonal

Se coloca directamente sobre la piel y actúa liberando hormonas que son absorbidas por ésta. Funciona igual que la píldora y el anillo, inhibiendo la ovulación y, por tanto, impidiendo el embarazo. Los efectos secundarios son similares a los de éstos.

- *¿Cómo se coloca?* El parche se aplica en una zona sin vello, limpia y sin crema. Se recomiendan cuatro zonas del cuerpo: los glúteos, el abdomen, la parte superior del tronco y la parte exterior y superior de los brazos, en un lugar donde no roce con la ropa. No se deben colocar en las mamas. Se presiona hasta que los bordes están bien pegados. Conviene ir alternando estos lugares de aplicación y comprobar todos los días que el parche sigue bien pegado.

- *¿Cómo se utiliza?* En una caja hay tres parches que sirven para un ciclo completo. El primer parche que te coloques debe coincidir, preferiblemente, con el primer día de la menstruación. Debes cambiarlo una vez a la semana durante tres semanas, siempre el mismo día. En la cuarta semana no se aplica, correspondiendo a la semana de descanso en que aparece la menstruación. Tras esta semana se aplica un nuevo parche y empieza un nuevo ciclo.

Como en los demás métodos hormonales, se aconseja que durante

---

Dudas más frecuentes

- *¿Qué hacer si el parche se despega total o parcialmente?* Si se ha levantado parcialmente o se ha caído, debes intentar pegarlo de nuevo o aplicar uno nuevo de inmediato antes de 24 horas. Cuando ha transcurrido más tiempo o si no estás segura del tiempo transcurrido, su eficacia puede haber disminuido y debes consultar a tu médico.
- *¿Puedo estar segura de no quedarme embarazada la semana que no lo llevo?* Durante la semana de descanso tienes protección a partir del primer ciclo.

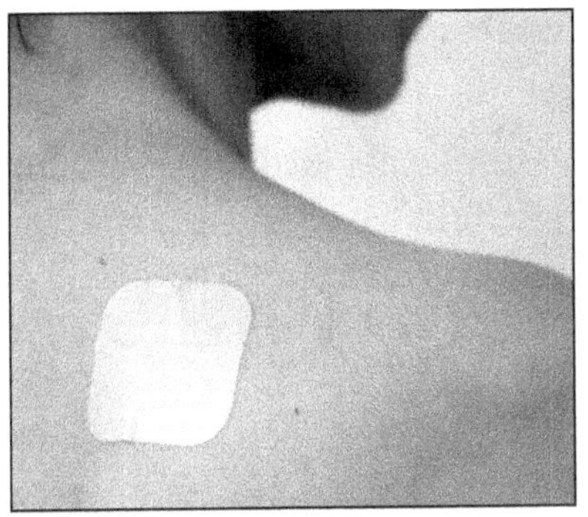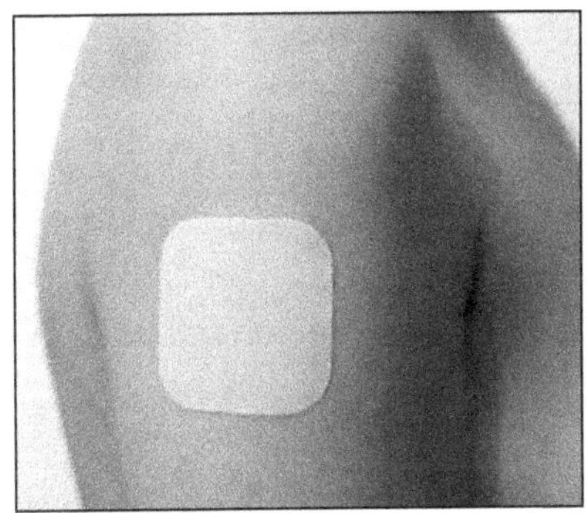

Zonas donde se coloca el parche hormonal.

el primer mes de utilización se acompañe también del preservativo. Su eficacia no disminuye en caso de vómitos o diarrea.

Inyección anticonceptiva

Inyección mensual o trimestral a base de hormonas que impide la ovulación. La dosis de hormonas (progestágeno) se va liberando durante uno o tres meses. Puede producir alteraciones en el ritmo menstrual con períodos de falta de menstruación y otros de hemorragia.

Se utilizan sólo en caso de que, por sus características específicas, la mujer no pueda utilizar otros anticonceptivos hormonales, ya que no tiene ninguna ventaja sobre éstos sino más inconvenientes.

Implante hormonal subdérmico

Es un método hormonal de acción prolongada. Libera hormonas (progestágenos) de manera gradual durante 3 o 5 años. Impide también la ovulación.

Consiste en la inserción por parte del médico de una o dos varillas bajo la piel del brazo. Es una intervención quirúrgica breve que requiere una pequeña incisión, tanto en la colocación como en la extracción.

Puede producir alteraciones del ritmo menstrual y sólo te las puede insertar y extraer un médico.

Píldora poscoital (o del día después)

Es un tratamiento hormonal que se utiliza en aquellos casos excepcionales en que se han mantenido relaciones sexuales sin protección o se ha producido un fallo en el método anticonceptivo habitual. Su uso es ocasional y no debe en ningún caso sustituir a un método anticonceptivo regular.

Dispositivo intrauterino o DIU

Es un pequeño dispositivo de polietileno con un filamento de cobre que el ginecólogo introduce en el útero. Dura entre 3 y 5 años. Existen de varias formas y tamaños para adaptarse al cuerpo de la mujer, dispone de una carga de cobre o de hormonas (DIU Mirena) y resulta altamente eficaz.

- *¿Cómo funciona?* Impide el movimiento de los espermatozoides por el útero, evitando que entren en las trompas de Falopio y fecunden el óvulo. También modifica las características del endometrio para impedir el desarrollo de un embarazo.

  Debe ser colocado y retirado sólo por personal médico especializado y, preferiblemente, durante el período menstrual.

- *¿Para quién es el DIU?* Resulta más adecuado para mujeres con pareja estable que ya han tenido un hijo. Sin embargo, también pueden usarlo aquellas mujeres que no han tenido ningún hijo, pero que no toleran bien otros métodos anticonceptivos.

- *¿Qué efectos secundarios tiene?* El DIU puede favorecer períodos menstruales más largos y con sangrado más abundante, sobre todo en los primeros meses.

  Requiere controles periódicos, ya que pueden aparecer algunas complicaciones, por ejemplo, ser expulsado de forma espontánea. Si bien esto es muy poco frecuente, conlleva el riesgo de

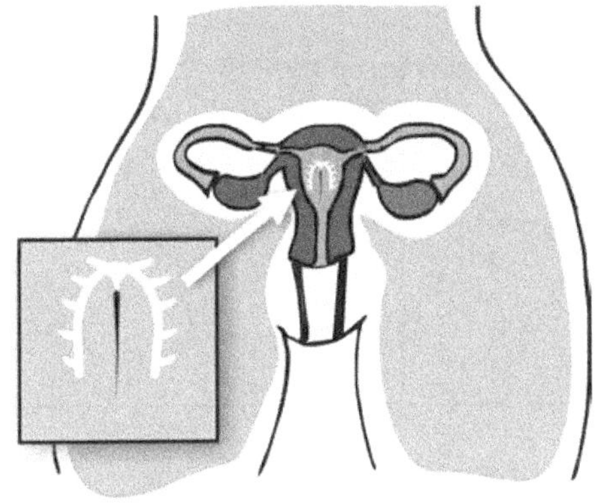

Esquema de la colocación de un DIU.

embarazo, y siempre que experimentes un sangrado irregular o dolor intenso debes consultar a tu ginecólogo por si fuera necesario retirarlo.

- *¿Cuáles son las ventajas?* Las más importantes son que empieza a tener efecto anticonceptivo en el momento en que se inserta y que no tienes que acordarte de tomarte ni de colocarte nada entre tres y cinco años.

El DIU Mirena es el único que, en lugar de cobre, contiene hormonas. Este método lo utilizan sobre todo mujeres que padecen trastornos menstruales en la premenopausia.

Otros métodos

Diafragma

Es un capuchón de caucho flexible y forma circular que cubre el cuello del útero impidiendo el paso de los espermatozoides. Debes combinar su uso con espermicidas.

Existen varios modelos y tamaños de diafragma. Su utilización requiere el adiestramiento previo de la mujer por el ginecólogo, quien seleccionará el más adecuado y su tamaño.

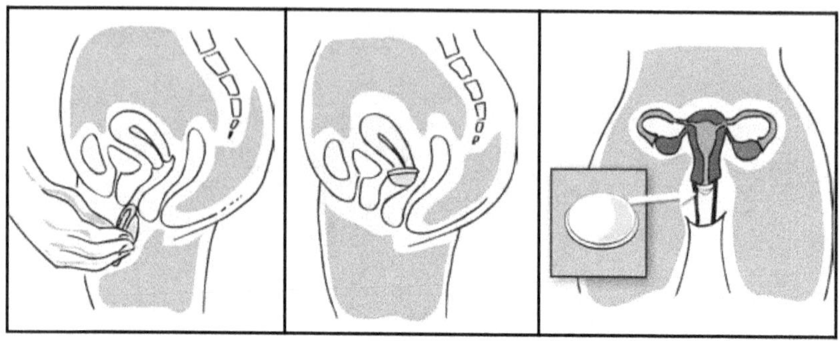

Forma de colocar el diafragma.

- **¿*Cómo se utiliza?*** Debes colocártelo antes del acto sexual, siempre con espermicida. Si te lo colocas y pasa más de una hora sin haber tenido un coito, tienes que volver a introducirte en la vagina más espermicida.

  Después del último coito, y de haber transcurrido mínimo seis horas del mismo, retira el diafragma, lávalo con agua y jabón, y guárdalo para la próxima ocasión.

  Si hay un nuevo coito se ha de volver a introducir crema espermicida antes y calcular las seis horas desde el último coito.

Es un método muy eficaz si se utiliza correctamente. Como los demás, tampoco tiene efectos secundarios para la salud. Pero recuerda que no previene las enfermedades de transmisión sexual y que el único que lo hace es el preservativo.

Espermicidas

Son barreras químicas cuyo objetivo es dañar a los espermatozoides haciendo poco probable la fecundación.

Se presentan en forma de cremas y óvulos vaginales o espermicidas. Deben aplicarse en la vagina poco antes de cada contacto sexual (por lo menos quince minutos antes).

Debido a su baja eficacia, por lo general sólo se indican como apoyo de otros métodos de barrera (por ejemplo, el preservativo o el diafragma) para aumentar su seguridad, o bien en épocas de fertilidad reducida (después de un parto, mientras se está lactando y aún no se ha presentado la regla, en la perimenopausia).

En muy raras ocasiones, el espermicida puede provocar una reacción alérgica y producir prurito y enrojecimiento en la zona genital.

Coito interrumpido (coitus interruptus)

No es propiamente un método anticonceptivo. Consiste en que el varón retira el pene de la vagina antes de eyacular. Es poco seguro porque previamente a la eyaculación se libera líquido preseminal (ese líquido que humedece el glande y cuya emisión es involuntaria) que puede contener ya espermatozoides.

Los métodos naturales

Hay una serie de métodos anticonceptivos que se basan en la observación de los cambios que se producen en el cuerpo femenino durante el ciclo menstrual. Consisten en evitar las relaciones coitales cuando se está ovulando. Uno de los más conocidos (por su utilización cuando no había otros métodos más fiables y también por sus fallos) es el método *Ogino-Knaus*. Calcula el día probable de ovulación y limita el coito a los días del ciclo menstrual en que el riesgo de quedarse embarazada es menor. Comporta la abstinencia sexual durante unos diez días en cada ciclo. En la actualidad, cuando se utiliza se suele asociar al conocimiento de las características del flujo vaginal (que cambia según los días del ciclo por la influencia hormonal), y se denomina método *sintotérmico*.

El problema radica en que es difícil saber con exactitud cuándo se ovula, ya que la ovulación está sujeta a múltiples variables, y si además se es joven como tú, la variabilidad se acentúa. Algunas mujeres ovulan justo antes de la menstruación, otras justo al acabarla y otras incluso cuando están menstruando; además, cada mujer puede ovular en cada una de estas situaciones dependiendo del ciclo o de la situación física o emocional en que se encuentre.

Esterilización (femenina/masculina)

Se trata de una intervención quirúrgica que consiste en cortar y ligar las trompas de Falopio en la mujer (ligadura de trompas), y los conductos que llevan los espermatozoides en el hombre (vasectomía). Ambos métodos son irreversibles. Su grado de fiabilidad es muy elevado, pero no representa el 100 %.

La vasectomía puede ser reversible, pero no siempre; depende de las características de cada hombre, de cómo reacciona su cuerpo y del número de años que lleva realizada. Cuantos más años transcurran desde que se practicó, menos probabilidades hay de reversibilidad. El hombre que se somete a una vasectomía debe estar seguro de que no quiere tener más hijos.

Después de todo lo expuesto, ¿has decidido qué método vas a utilizar? Es una decisión muy personal que debes considerar con tu pareja, pero el consejo de un profesional tampoco estará de más. Aunque el método ideal no existe, el mejor para ti será aquel que resulte lo más seguro posible para evitarte un embarazo y un contagio no deseados.

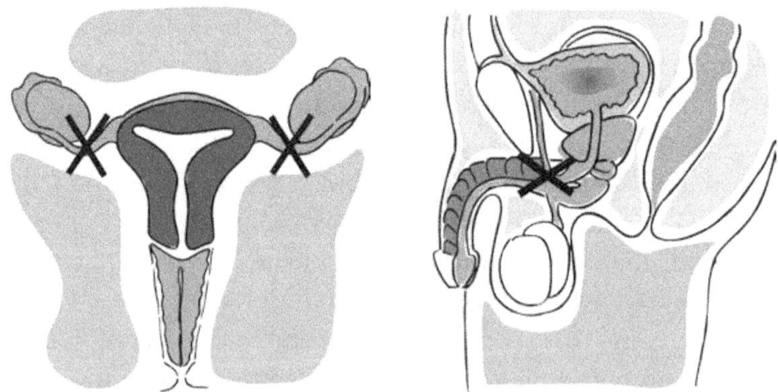

Ligadura de trompas (izquierda) y vasectomía (derecha).

Utilización incorrecta de los anticonceptivos

Como hemos visto anteriormente, los métodos anticonceptivos bien utilizados son muy seguros, pero en muchas ocasiones no se utilizan bien por desconocimiento o por olvido. Las consecuencias de ello son disgustos, ansiedad o miedo por un posible embarazo o una enfermedad de transmisión sexual. Conocer y reflexionar sobre los factores que influyen en la mala utilización de los métodos anticonceptivos es de gran ayuda para los profesionales y las/os usuarias/os. Puedes tomar buena nota, pues te interesa conocerlos para no caer en ellos.

La sexualidad es mucho más que un juego entre dos, y es importante que conozcas bien desde el principio todas las reglas del juego.

Características del usuario/a que pueden influir

- Actitudes como «a mí no me pasará» son de lo más ingenuo. La realidad es que «siempre le pasa a alguien» de tu entorno.
- Percepción poco realista de las consecuencias del incumplimiento, que sin duda pasará factura.
- Desconfianza en la eficacia del método (preservativos, DIU), debido probablemente a la poca práctica, entre otros motivos.
- Excesiva confianza en la eficacia del método (coito interrumpido) porque *hasta ahora* nunca te ha fallado.
- Mayor preocupación por el embarazo que por las enfermedades de transmisión sexual.
- La edad influye en la planificación de las cosas. Suele haber más olvidos de la píldora en chicas más jóvenes que en mujeres de más edad. También cabe tener en cuenta que las chicas jóvenes tienen horarios más cambiantes, sobre todo los fines de semana.
- El nivel educacional. Hay estudios que relacionan un menor nivel de instrucción académica con un mayor número de olvidos y de incumplimiento anticonceptivo.
- El estatus/entorno. Las personas con situaciones más conflictivas en sus relaciones sociales suelen tener peor utilización.

– El desarrollo personal. A mayor madurez , mayor responsabilidad y mejor utilización.

Aspectos del método anticonceptivo que el usuario/a puede valorar como negativos

– Instrucciones complicadas. No se comprende bien su forma de uso (anticonceptivos hormonales orales).
– Un mismo método puede ser difícil de utilizar para unos y fácil para otros, depende mucho de si te gusta o no el método.
– Los mitos de la anticoncepción y la sexualidad juegan en contra: la «no naturalidad» y la «premeditación» restan interés.
– El uso frecuente del método comporta un coste económico.
– La doble protección para prevenir las enfermedades de transmisión sexual supone un coste económico añadido: el de los preservativos.
– Los efectos secundarios desaniman a utilizarlos.
– Las características organolépticas de algunos métodos son percibidas como desagradables (espermicidas, preservativo femenino).

Algunos métodos requieren menor control sanitario, por lo que el seguimiento de los mismos se reduce y también la utilización correcta y continuada.

Características del entorno

– Problemas de comunicación en el seno familiar y con el entorno (amigos, profesores...).
– Alto conflicto entre las normas que impone la familia y la realidad social del/la joven con respecto a las conductas que debe seguir.
– Consideraciones de género (la mujer que lleva preservativos en el bolso no está bien vista) que perjudican la imagen de la chica.

Características de la estructura sanitaria

- Dificultad para ir al centro sanitario por pensar que «no tengo la tarjeta sanitaria» o «se la he de pedir a mi madre y se enterará...». A veces, el acceso de los jóvenes a los servicios sanitarios es difícil.
- Las listas de espera retrasan la visita a los especialistas.
- Los cambios de profesionales sanitarios en las consultas no ayudan a crear un clima de confianza entre médico y paciente.
- El coste de la asistencia sanitaria privada no es fácil de sufragar si no se tienen ingresos fijos.

Características de los/las profesionales sanitarios/as

- Profesionales con aptitudes y actitudes negativas hacia la práctica del sexo entre los jóvenes.
- Ausencia de instrucciones escritas precisas que la juventud pueda seguir por su cuenta.
- Lenguaje demasiado técnico que impide al/la joven entender al profesional y tomar la decisión más adecuada.

En España, la tasa de embarazos no deseados en adolescentes aumenta cada año. El preservativo masculino es el método más utilizado, seguido de los anticonceptivos hormonales orales.

Quizá habría que considerar el uso simultáneo de dos métodos anticonceptivos o la doble protección (el preservativo masculino por su protección frente a las enfermedades de transmisión sexual, y los anticonceptivos hormonales orales por su eficacia contraceptiva), tal como se está popularizando en algunos países del norte de Europa, como posible alternativa para paliar este problema.

Enfermedades de transmisión sexual

Las enfermedades de transmisión sexual (ETS) son todas aquellas que presentan carácter infeccioso y que se transmiten principalmente a través de las relaciones o los contactos sexuales, cuando no se utilizan preservativos. Sin embargo, también puedes contagiarte si recibes una transfusión de sangre contaminada.

Durante los últimos veinte años se ha producido un gran cambio en las enfermedades de transmisión sexual. Hemos pasado de las clásicas como la sífilis y la gonococia, enfermedades bacterianas que se curaban mediante dosis de antibióticos, a las enfermedades víricas actuales, entre ellas el sida, para las cuales no hay un tratamiento curativo definitivo. Existen, no obstante, algunos medicamentos que ayudan a frenar el avance de estas enfermedades e incluso son capaces de mantener a la persona afectada con vida durante años, mejorando significativamente su calidad de vida. También existen vacunas contra la hepatitis B y, recientemente, contra el virus HPV (virus del papiloma humano). Aun así, la mejor defensa es la prevención.

Las enfermedades de transmisión sexual, y en concreto el sida, constituyen hoy en día la primera causa de enfermedades infecciosas en muchos países.

¿Qué infecciones son las más frecuentes?

En la actualidad, las infecciones de transmisión sexual o también llamadas enfermedades venéreas más frecuentes son:

- la sífilis,
- la gonococia,
- las infecciones por clamidias,
- el herpes genital,
- el sida,
- las hepatitis B y C,
- los condilomas (verrugas genitales) y
- los tricomonas.

¿Cómo sabes si tienes una infección de transmisión sexual?

Los síntomas pueden ser muy variados: picores en los genitales, enrojecimiento de la vulva o del pene, granitos o descamación, flujo vaginal alterado, secreción por la uretra después de orinar o dolor al mantener relaciones con penetración, entre otros. También pueden aparecer úlceras, ampollas o verrugas en los genitales o en su alrededor.

En cuanto a las chicas, es muy importante que acudas al médico cuando te aparezca un flujo vaginal diferente del habitual, bien sea porque cambie de color o se vuelva más espeso o espumoso, cuando tengas picores en la vulva o la veas muy enrojecida.

Si eres un chico, debes estar alerta si observas secreción en el pene, se te enrojece el glande o se descama.

Muchas de las enfermedades mencionadas no dan síntomas, de modo que es posible que no sepas que la padeces hasta mucho tiempo después de contraerla. Reiteramos por ello el uso correcto del preservativo. Para salir de dudas, puedes solicitar a tu médico que te haga un sencillo análisis de sangre para detectar si tienes el **virus del VIH.**

Todos los expertos están de acuerdo en que los adolescentes forman un grupo de riesgo elevado en lo que se refiere a contraer enfermedades de transmisión sexual. Las relaciones sexuales tempranas, la inexperiencia, la espontaneidad y las características de su comportamiento sexual, el consumo de alcohol y otras drogas, así como la dificultad de acceso al sistema sanitario son factores que facilitan que los jóvenes contraigan más y con más frecuencia estas infecciones; sumado todo ello al uso inadecuado o al no uso del preservativo.

¿Qué es el sida?

El sida (síndrome de inmunodeficiencia adquirida) constituye una de las enfermedades infecciosas más graves de nuestro tiempo. Seguramente, es la enfermedad de transmisión sexual de la que más has oído hablar. La produce el virus VIH, que se encuentra en los fluidos corporales y que es transmitido por la sangre, el semen y las secreciones vaginales.

El virus ataca y destruye las células del sistema inmunológico, dejando a la persona sin defensa ante las infecciones y enfermedades del exterior. De manera que cualquier otra enfermedad, por leve que sea, puede dañarnos seriamente.

No todos los infectados de sida desarrollan la enfermedad, algunas personas sólo son portadoras del virus, pero estas personas «aparentemente sanas» pueden contagiar a otra y ésta sí desarrollarla.

Hay muchas personas en el mundo que son portadoras del VIH y no lo saben, y por tanto contagian a otras cuando mantienen relaciones sexuales con ellas sin preservativos.

Para evitar un posible contagio, te proponemos que tomes las siguientes precauciones:

- Utiliza siempre preservativos durante la penetración.
- No compartas jeringuillas, hojas de afeitar, cepillos de dientes ni materiales que hayan estado en contacto con la sangre de otra persona y no se hayan esterilizado adecuadamente.
- Asegúrate de que tus *piercings* y tatuajes los realiza un profesional que cumple escrupulosamente todas las normas de higiene.

Como ves, el virus del sida se transmite por la sangre, el semen y los fluidos vaginales y durante el embarazo, de madre a hijo. El compartir actividades cotidianas con personas infectadas no representa un peligro de contagio para ti.

• No disfrutarás de la sexualidad si te preocupa la posibilidad de quedarte embarazada o de contraer una enfermedad de transmisión sexual.

• Como conclusión, insistimos en que el mejor método para estar tranquilo en tus relaciones sexuales coitales y disfrutarlas plenamente es el preservativo. Te da seguridad porque te protege a ti y a tu pareja de un embarazo no deseado y de las enfermedades de transmisión sexual.

Capítulo 4
Amor y sexo

Para comenzar este tema te proponemos que leas las preguntas que hay a continuación:

- ¿Es normal ser tímido a los diecinueve años?
- ¿Cuál es la edad idónea para mantener relaciones sexuales?
- ¿Cómo puedo decirle a esa chica que la quiero?
- ¿Es el chico el que tiene que dar el primer paso?
- ¿Cómo puedo saber si le gusto a una chica?
- ¿Cómo llamar la atención de un chico sin que se note demasiado?
- ¿Cómo se está seguro de que se está enamorado?
- ¿Cómo hacer que el chico más atractivo se fije en mí?
- Llevamos dos años como amigos. ¿Cómo le digo que quiero algo más que una amistad?
- ¿Cómo puedo terminar una relación sin hacer daño a mi pareja?
- En este momento salgo con la chica que me gusta, pero tengo miedo de que me deje algún día. ¿Qué puedo hacer?
- Deseo mucho a Luis, tanto como para mantener relaciones sexuales con él, pero creo que no estoy enamorada. ¿Es normal?
- Hace casi un año que salgo con mi novio, y yo sé que a él le gustaría que hiciéramos el amor, pero a mí me gusta que sólo nos demos unos besos. No quiero iniciar todavía relaciones sexuales. ¿Me puede dejar de querer?

¿Te resultan familiares? Estamos seguros de que en algún momento una o muchas de las preguntas anteriores te han pasado por la cabeza y, todavía ante determinadas situaciones, aparecen de nuevo, muchas veces sin respuesta.

Te proponemos trabajar sobre ellas. ¿Cómo? Como si vivieras esas situaciones:

- Busca un lugar agradable, puede ser tu habitación, pero un poquito más arreglada de lo habitual, elige la iluminación y cuida la temperatura (ni demasiado calor ni demasiado frío).
- Ponte una música de fondo que te guste y te relaje.
- Cierra un momento los ojos y piensa en todas las veces que te has enamorado o en aquella que ha sido muy especial para ti, el primer beso que le diste a tu persona especial... ¿Te acuerdas? ¿Sientes en tu cuerpo aquel escalofrío? Siéntelo. Tómate tu tiempo, no tienes prisa...

Ahora sigue leyendo.

Las emociones positivas y el enamoramiento

Junto con todos los cambios físicos que se experimentan en la adolescencia aparecen unas sensaciones que nos «desbordan». Si nos preguntaran «¿qué sientes?», no sabríamos describirlo con palabras. Es una intensa **alegría** o, mejor dicho, una **euforia** que nos inunda cuando tenemos delante o pensamos en una persona determinada. Pensamos en esa persona aunque no esté presente, y ese pensamiento ocupa gran parte de nuestro tiempo (en clase, cuando estamos con los amigos, mientras comemos, al irnos a dormir... durante todos los días de la semana), incluso a veces nos hace perder el apetito. Nuestro corazón late más rápido, la respiración se acelera, la expresión de nuestra cara es... ¿Qué podemos decir de la expresión de la cara, de esa sonrisa floja, la mirada casi perdida y ese brillo tan especial de los ojos...? Inoportunamente, alguien te habla sin que tú le escuches y al final te espeta una hiriente pregunta: «¿Estás embobado o qué te pasa?».

El enamoramiento se
identifica con un
sentimiento de euforia.

Lo que en realidad ocurre es que **estás enamorado.**

Hay muchas definiciones sobre el enamoramiento: Hatfiel y Walster, en 1978, lo definieron como «un estado de intenso deseo por la unión con otra persona»; otros como «un estado emocional salvaje donde la ternura, los sentimientos sexuales, el regocijo y el dolor, la ansiedad y el alivio, el altruismo y los celos coexisten en una confusión de sentimientos».

Este enamoramiento va a ir cambiando a lo largo del tiempo. Puede que al principio te intereses de manera muy especial por un profesor, un cantante, un actor... Más tarde o más temprano te fijarás en una persona que forma parte de tu entorno, quizá tu mejor amigo, un compañero de clase, o ese chico o chica que conociste durante las últimas vacaciones.

No hay una edad concreta para enamorarse y tampoco es algo exclusivo de la adolescencia, pues también las personas mayores (de todas las edades) se enamoran y sienten lo mismo que tú sientes cuando te ocurre. Probablemente (y os deseamos que así sea), te enamores muchas veces a lo largo de tu vida. Es algo completamente normal, y las sensaciones serán iguales o muy parecidas a las que hemos descrito, sólo variará la intensidad de las mismas.

Lo que sí puede cambiar es la forma de enamorarse; así, distinguimos varias formas de enamoramiento:

- el ligue;
- el flechazo;
- la amistad que se convierte en algo más; o
- el consuelo, que es una relación que surge justo después de acabar otra y que comparamos con la anterior...

Puede que hayas experimentado todas o sólo algunas de estas formas, y tampoco hay una edad para cada una de ellas. Todo esto forma parte de tu propia evolución en la vida, y a medida que transcurra el tiempo también cambiarán tus deseos y tus necesidades tanto en este aspecto como en muchos otros (con veinte años no te gustan las mismas cosas que con quince ni tampoco que con cincuenta).

Las dudas: la otra cara de la moneda

Si bien la euforia es un sentimiento con el que nos identificamos al enamorarnos, éste no es el único que experimentamos, ¿verdad? Junto a la euforia inicial aparecen las dudas, la inseguridad, la incertidumbre... es todo tan contradictorio... Al mismo tiempo nos preguntamos si «le gustaré o no», o cómo decirle que «me atrae», o cómo actuar en cada momento. Tranquilo, tener estas dudas es de lo más normal.

Imagínate esta situación: hace pocos días, Pablo me comentó que se sentía ridículo porque después de haber conseguido acercarse a Sonia, la chica que hacía tiempo que le gustaba, al final sólo le preguntó: «¿Te gusta lo que estás estudiando?». No se le ocurrió nada más porque empezó a pensar cosas como: «Ella puede pensar que a mí qué me importa si le gusta o no lo que estudia. Es una pregunta tonta y no adecuada en este momento, pero ¿qué puedo decirle si no se me ocurre nada? Me estoy poniendo nervioso y ya no sé ni dónde ni cómo colocar las manos». Finalmente, Pablo le dio a Sonia su teléfono, pero ha pasado una semana y ella no le ha llamado. Pablo cree que se estará riendo de él por no haber reaccionado de la forma correcta. «Pensará que soy un imbécil.» Pablo está tratando de adivinar el pensamiento de Sonia, pero ¿cómo puede saber lo que ella piensa si ni siquiera la conoce? ¿Te ha ocurrido esto a ti alguna vez?

Cuando ponemos nuestros pensamientos en la mente de otra persona (pensamientos casi siempre negativos sobre nosotros), la mayoría de las veces nos equivocamos. Como consecuencia de ello, actuamos de una forma no deseada y nos sale mal la jugada. Se nos quitan las ganas de volver a intentar relacionarnos con ésa u otra persona porque anticipamos que vamos a fracasar.

Quizá podamos aprender algunos trucos para acercarnos a esa persona tan especial e iniciar una conversación natural con ella sin que nos entre el pánico.

Habilidades para enamorar

Cuando te invade el deseo de conocer a la persona que tanto te atrae, posiblemente estés muy preocupado por saber cómo dirigirte a ella y dejes de prestarte atención a ti mismo. Con esto queremos decirte que antes de iniciar ese paso te fijes en lo que tú te valoras (esto es el autoconcepto) y en lo que tú te quieres (esto es la autoestima). Si realmente crees que tienes virtudes y que eres digno de ser querido podrás ver los valores de los demás y **exteriorizar tus sentimientos** hacia ellos, y así será mucho más fácil que se enamoren de ti.

El autoconcepto y la autoestima

Quererse y valorarse no es lo mismo, por eso vamos a definir los dos conceptos a continuación.

El *autoconcepto* es la consecuencia de la interacción de tres percepciones existenciales:

1. La idea o imagen que tenemos de nosotros mismos.

2. La idea o imagen que los demás tienen de nosotros.
3. La idea o imagen que nosotros tenemos de los demás.

Está relacionado con la toma de conciencia de nuestras virtudes y nuestros valores personales. Sin un buen autoconcepto es difícil despertar el interés de los demás y conseguir que nos quieran. Es el aspecto psicológico que influye más directamente en la mejora de la capacidad de enamorar.

La *autoestima* es el otro elemento que necesitamos para afianzar nuestra capacidad de enamorar; se forma a partir de nuestras vivencias afectivas de la infancia, es una consecuencia de lo que nos han querido. A nivel inconsciente, el cariño que recibimos se transforma en autoestima a través de un proceso que tendría la siguiente forma:

1. La gente me quiere, eso debe significar que soy digno de ser querido.
2. Me gusta que me quieran, por tanto, recibir afecto es algo bueno.
3. Si a mí me gusta que me quieran, a los demás también les debe gustar.
4. Como querer es bueno y yo soy digno de ser querido, procuraré tener relaciones en las que pueda dar y recibir ese sentimiento.

Las personas estamos en continuo diálogo con nosotros mismos; esto significa que todas las situaciones que vivimos a lo largo del día desencadenan en nosotros una determinada emoción dependiendo de cómo las interpretemos. Por tanto, no son las situaciones en sí las que nos hacen sentir de una forma determinada, sino lo que nosotros pensamos acerca de las mismas. Por ejemplo, cuando tu madre te dice que tu habitación está muy desordenada puede sentirse enfadada, pero a lo mejor para ti ya está bien así y lo sientes con indiferencia. Fíjate que las dos emociones (la de tu madre y la tuya) son diferentes ante una misma situación. Con la autoestima ocurre algo parecido; si ésta es normal nos aceptaremos tal como somos, interpretaremos que nuestro físico y nuestra forma de ser y de hacer están bien; pero si es baja, nuestro diálogo interno será negativo, pensaremos que no valemos para determinadas cosas o que nuestro físico no va a llamar la atención de la persona que tanto deseamos. Si pensamos así, al final se cumplirán nuestras expectativas porque evitamos la relación o incluso estamos dando una imagen negativa de nosotros mismos, y los demás la captarán y nos verán también de forma negativa. (Te sugerimos que prestes atención a tu círculo familiar o de amigos y observes qué emociones te transmiten.)

Una **autoestima positiva** puede aprenderse, así que te proponemos un ejercicio para potenciarla:

1. Haz una lista de tus cualidades positivas. Al principio te puede costar un poco porque tendemos a pensar más en lo negativo, que nos sale de forma automática. El ejercicio consiste en sacar de ti justo lo contrario. Aquí tienes un ejemplo:

    —Tengo el cabello castaño y los ojos claros.
    —Tengo una sonrisa bonita.
    —Soy una persona responsable.
    —Sé escuchar a los demás.
    —Soy ordenado.
    —...

2. Prueba a repetirte tu propia lista de cualidades al menos tres veces al día. Al cabo de una semana comenzarás a ver los resultados.

Supongamos que has reflexionado sobre estos dos conceptos y que tu autoestima y el concepto que tienes sobre ti mismo/a son ahora mucho más elevados. Sin embargo, después de todo el esfuerzo, la persona que deseas que se fije en ti, no lo hace. Seguro que sabes que algunas cosas no dependen únicamente de ti. Quizá seas una persona encantadora, pero cada uno nos formamos una idea de nuestra pareja ideal, y a lo mejor la de este/a joven que te atrae muchísimo no coincide con la tuya. En este caso, es mejor dejar las cosas como están y no insistir, pues esto repercutiría de forma negativa en tu autoestima. Piensa que si tú has dado un paso adelante y no has sido correspondido, la relación no vale la pena.

Después de esto podemos dar paso a las habilidades sociales, que son ese conjunto de recursos que tienes para relacionarte con los demás.

La conversación

Una de esas habilidades es saber **iniciar y mantener una conversación**. El mejor modo de hacerlo es dirigirte directamente a la persona que te interesa; es la única manera de comprobar si en realidad alguien te gusta o si sólo te habías formado una idea errónea de ese alguien. A veces nos imaginamos cómo es esa persona por la idea preconcebida que tenemos en nuestra mente de las cualidades que tendrá el chico o la chica de «nuestros sueños». ¿Sabías que cuanto más atractiva nos parece una persona tendemos a atribuirle más cualidades positivas? Piensa que cuanto más contacto real tengas con esa persona, mejor sabrás si encaja o no con lo que tú consideras tu «pareja ideal».

Imagínate esta situación: Laura y Roberto coinciden cada día en la parada del autobús para ir al instituto. Aún no se conocen, pero Laura se siente atraída por Roberto desde el primer día de curso. Ella se imagina que es el chico que siempre había soñado: guapo, dulce, simpático... con una sonrisa que «te derrite cuando va dirigida a ti». Laura no sabe si Roberto piensa lo mismo de ella y el trimestre está a punto de acabar, lo cual significa que estarán un tiempo sin verse. Así que hoy ha decidido dar el paso y salir de dudas; de todas formas, si ella no le gusta a él no tiene nada que perder. Laura inicia la conversación:

Laura: (Se ha sentado al lado de Roberto e inicia la conversación.) Perdona, ¿está ocupado este asiento?

Roberto: No, puedes sentarte si quieres.

Laura: Ya falta poco para las vacaciones, ¿qué curso haces?

Roberto: 2.º de Bachillerato. El curso que viene comenzaré la universidad.

Saber iniciar y mantener una conversación es una habilidad que nos facilita relacionarnos con los demás.

Laura: ¿Qué te gustaría estudiar?

Roberto: Aún no lo tengo muy claro, pero me gustan las mates y la física.

Laura: Yo soy más de letras. Prefiero la historia y la literatura, aunque no sé si ir a la universidad o hacer un módulo. De momento, lo que más me apetece es disfrutar de las vacaciones que están a la vuelta de la esquina. (El autobús está a punto de llegar y los dos jóvenes se despiden hasta mañana.)

Como habrás observado, no es difícil iniciar una conversación, ya que se puede hablar de cualquier cosa, no tienes por qué decirle directamente el primer día cuánto te gusta, pero esto te abre una puerta para poderlo hacer cuando tú creas conveniente.

Los cumplidos

Otra habilidad básica en el arte de enamorar consiste en saber **dar y recibir cumplidos**. Es algo que solemos hacer a menudo y puede que no seamos conscientes de ello. Aunque hay mucha gente a la que le cuesta sobre todo recibirlos. Y les cuesta porque piensan que no son ciertos o creen que quien se los da no lo hace de de forma totalmente sincera.

Uno de esos casos es el de Andrea y Toni. Ellos salen los fines de semana con un grupo de amigos, pero hace algún tiempo que ocurre algo especial, y casi siempre hay más interacción entre ellos que con el resto del grupo (se sientan uno al lado del otro, bailan juntos, hablan más entre ellos…). Esta noche Toni ha apreciado que Andrea está especialmente bonita y se ha dirigido a ella para decirle:

Toni: Que falda más bonita llevas.
Andrea: Qué dices, si me queda horrible.
Toni: Pues a mí me gusta muchísimo.
Andrea: ¿Te estás riendo de mí?

¿Cuántas veces te ha ocurrido esto? ¿Cómo crees que puede sentirse Toni?

Puede que alguna vez no te guste demasiado la ropa, el peinado o los zapatos que lleves, pero lo correcto es agradecer el gesto a la persona que te da el cumplido. En este caso, Andrea podía haber contestado así: «Qué bueno que te guste, aunque a mí no acaba de convencerme del todo».

Cuando das un cumplido estás expresando un sentimiento positivo hacia la persona que va dirigido, y no hay nada más gratificante que ésta lo reciba con agrado. Esto nos hace sentir bien.

Todo comunica

Otro aspecto que debes tener en cuenta es tu **comunicación no verbal**. ¿Qué significa esto? Significa que nuestro cuerpo nos delata: no sabemos qué hacer con las manos, a dónde mirar… a veces los nervios o la timidez se apoderan de nosotros y nos resulta difícil relacionarnos con esa persona que nos hace sentir tan bien cuando la vemos o pensamos en ella; optamos entonces por no acercarnos por no saber qué decirle o porque cuando lo hemos hecho nos ha dado la sensación de habernos comportado como «idiotas». Entre tanto, «se va la oportunidad» y cuando nos damos cuenta él o ella ya sale con otra persona.

Por eso es importante que cuando te dirijas a esa persona la mires a los ojos, no al suelo ni rehúyas su mirada; mantén una postura erguida, un tono de voz firme y procura que tus gestos acompañen a tus palabras. Si te resulta difícil porque al principio es normal que estés nervioso, te ayudará mucho escribir primero lo que quieres decirle y ensayar después frente a un espejo o delante de un amigo. Con un amigo será mucho más fácil porque él puede hacer el papel de la otra persona y luego podéis intercambiar los papeles. Esto último te ayudará a comprender cómo puede sentirse la persona a la que va dirigida tu conversación y, por otro lado, si ya has previsto tu comportamiento es más difícil que los nervios te jueguen una mala pasada y te quedes con la mente en blanco, sin nada que decir. Recuerda respirar profundamente antes de comenzar. ¡Es fundamental!

Lo mencionado hasta ahora se puede considerar el paso más importante al iniciar una relación de pareja, sea con intención de estabilidad o no. Te dará la confianza y seguridad en ti mismo que necesitas y te ayudará a saber realmente lo que quieres (no a imaginártelo), para así poder elegir lo que deseas sin tener la sensación de que has fracasado. Sin embargo, después de este paso te seguirán surgiendo preguntas respecto a cuándo es el momento de dar el primer beso o de iniciar una relación sexual con esa persona que tanto te atrae, que te hace sentir el/la más afortunado/a del mundo, y que te pone el cuerpo a mil cuando está a pocos centímetros de distancia. ¿Le doy la mano? ¿La beso? ¿Y si piensa que voy demasiado rápido? ¿Y si espera que dé yo el primer paso?

Clarifica tu relación

En las relaciones de pareja no hay unos pasos fijos que seguir. Desde la primera conversación o la primera cita a solas hasta el momento de una relación sexual puede transcurrir poco o mucho tiempo, todo depende de vosotros, cada pareja tiene su propio ritmo. Por otro lado, **las relaciones sexuales no se reducen al momento del acto sexual.** Sabes que hay sensaciones muy fuertes y gratificantes en una mirada, una sonrisa, un gesto, un detalle, una palabra, un mensaje de móvil... Piensa en las sensaciones que se desencadenan por el solo hecho de tener al lado a esa persona de la que estás enamorado/a y ¡vívelas! Porque si te pasas el tiempo pensando en lo que debes o no debes hacer, o si es o no el momento, te estarás perdiendo muchas cosas imprescindibles para que las relaciones sexuales funcionen bien a corto y a largo plazo (puedes consultar el capítulo dedicado a las disfunciones sexuales).

Sé tú mismo. Si en ese momento te apetece coger su mano, darle un beso, un abrazo, acariciarla..., ¡adelante! Éste es uno de los derechos básicos de la sexualidad: «Haz todo lo que quieras», pero siempre sabiendo cuáles son las consecuencias de tus actos y teniendo mucho cuidado de no hipotecar tu vida con ellos. Por ejemplo, puede que quieras tener relaciones sexuales sin utilizar el preservativo; sí, tienes

---

Aspectos clave en la ruptura de una relación

- *Si la relación no funciona, no vale la pena «empeñarse» en continuarla,* porque quizá lo que estés buscando en esa relación sea tu ideal de pareja y no lo que es en realidad.
- *De todos los errores o malas experiencias aprendemos cosas positivas,* aunque en el momento de la ruptura no puedas verlas.
- *Romper una relación a tiempo te da seguridad* para plantearte qué deseas y qué no deseas realmente de una relación, y te permite buscar soluciones para aquello que antes no funcionó.
- *Date permiso para sentirte mal después de una ruptura.* Lo normal es que estés triste, ya que cuando uno comienza algo con ilusión no piensa en que puede terminar algún día, no tendría sentido.
- *No dejes de relacionarte con la gente que te rodea ni te encierres en ti mismo/a.* Aunque al principio te cueste, haz cosas que te gusten, te diviertan o te distraigan.
- *Si la decisión de romper ha sido tuya y estás preocupado/a por haberle hecho daño,* piensa si no es peor que continúes a su lado sin sentir nada. ¿Qué sentido tiene?

derecho a desearlo, pero ¿sabes cuáles pueden ser las consecuencias? ¿Deseas esas consecuencias? Por otro lado, tu pareja también tiene derecho a decir «no» a tu petición, igual que lo tienes tú, porque éste es otro de los derechos fundamentales: «No hagas lo que no quieras».

Es importante que habléis sobre las cosas que os preocupan, os inquietan, os interesan o deseáis. Esto se llama **comunicación**, y es fundamental para saber cuál es ese momento para los dos, para conocer qué cosas le gustan o no al otro, por qué reacciona de una u otra forma ante una situación, y, sobre todo, para no «adivinar» lo que el otro piensa.

Emociones negativas

Decíamos antes que cuando nos enamoramos no todas las sensaciones son positivas. Algunas veces sentimos inseguridad, ansiedad, incertidumbre... Pero una de las más comunes es el **miedo** al pensar que «quizá no estamos a la altura», «no le gustamos lo suficiente» o «¿y si deja de quererme?, ¿y si me deja?». Ten cuidado con esta sensación porque si dejas de ser tú mismo para ser como quiere tu pareja que seas o para hacer cosas que le agraden a ella pero que a ti te disgusten, tu relación puede convertirse en una relación de **dependencia**, y esto te llevará a experimentar otra sensación desagradable y contradictoria: «No estoy cómodo/a con mi pareja, pero no puedo dejar la relación». Tarde o temprano esta relación acabará «no demasiado bien». Por otro lado, plantéate seriamente si deseas estar junto a una persona que no te acepta o que no te deja ser tú mismo/a.

La dependencia

Es la necesidad afectiva extrema que una persona siente hacia otra a lo largo de sus diferentes relaciones de pareja.

Si una relación acaba, pues acaba; el hecho no tiene por qué tener mayor trascendencia. Es algo normal en una etapa de tu vida en la que nada es del todo estable y continuamente estás tomando decisiones para clarificar qué quieres hacer con tu futuro, cómo deseas que sea.

Por supuesto, no siempre es fácil saber qué es lo mejor para ti; sin embargo, responder a esta pregunta: «¿Qué he aprendido de esta experiencia?» y reflexionar sobre los puntos clave que te exponemos a continuación puede darte algunas pistas.

Hay una canción de Pastora Soler que dice: «Lo que se acaba, se acaba, y es mejor dejarlo así. Ni tú te mueres de ganas ni yo me muero por ti...».

Imagínate esta situación: Ana y Miguel empezaron a salir como pareja hace dos años. Ambos tenían su grupo de amigos, pero lo que sentían el uno por el otro era tan fuerte que sólo deseaban estar el mayor tiempo posible juntos y a solas. Era muy bonito al principio, pero poco a poco y sin darse cuenta dejaron de verse con sus amigos y de hacer las actividades que les gustaban. A Miguel le encantaba jugar a fútbol, de hecho, pertenecía a un pequeño equipo. Ana cantaba en un grupo que había formado con tres amigos más. Actualmente, Miguel y Ana no pueden estar separados, pero no por el amor que se tienen, sino porque uno no se fía de lo que hace el otro cuando no está presente. Han aparecido los celos y las discusiones son continuas. Ninguno de los dos se atreve a dejar la relación por el dolor que supondría dar este paso para ellos, y porque piensan que se puede arreglar, que en el fondo se quieren.

¿Te ha ocurrido esto en alguna ocasión? ¿Crees que hay amor entre Ana y Miguel o que lo hubo alguna vez?

Los celos

Son un estado emocional negativo provocado cuando percibes que tu relación se ve amenazada por una tercera persona, que puede ser real o imaginaria.

En general, los celos provocan muchos sentimientos negativos como dolor, rabia, hostilidad, angustia… que vas a transmitir a tu pareja, puede que a través de insultos, gritos, malas caras o incomunicación.

Sean fundados o no, antes de actuar reflexiona sobre cómo crees

El hecho de que una relación se acabe es algo normal en una etapa de tu vida en la que nada es del todo estable y todavía has de clarificar tu futuro.

que reaccionará tu pareja ante un comportamiento así. ¿Será comprensivo/a? ¿Te dará la razón? ¿Se preguntará qué te ha pasado?... ¿O quizá reaccionará igual que tú?

Normalmente, se produce un círculo vicioso haciendo que la otra persona tienda a responder de la misma manera. Y si es así, ¿cómo te sentirás tú?

De nuevo te invitamos a pensar que te plantees si vale la pena continuar con alguien que no te ofrece la confianza suficiente, o que al menos tú no lo sientes así. Mira también tu autoestima, porque a menor autoestima, mayor tendencia a sentir celos.

Del enamoramiento al amor

Si te das cuenta, desde que hemos comenzado el capítulo no hemos mencionado aún la palabra «amor». ¿Qué es el amor? ¿Cómo sé que quiero a una persona? ¿Es lo mismo enamoramiento que amor? ¿En qué se parecen? ¿En qué se diferencian? ¿Se puede estar enamorado y amar al mismo tiempo?

Seguramente, te habrás hecho muchas veces estas preguntas al comienzo o en el transcurso de una relación (correspondida o no). No es fácil dar una descripción objetiva de este sentimiento (en general, de ninguno), por eso a veces confundimos estar enamorado y amar.

Para que te aclares un poco, diremos que enamorarse es el primer paso, que puede o no conducir al amor. El **enamoramiento** es un sentimiento **idealista**; esto significa que solemos atribuir a la otra persona cualidades positivas que no tiene, o si las tiene tendemos a magnificarlas. El **amor** es un sentimiento **realista**; aparece cuando vemos las dos caras de la moneda; así, conocemos sus cualidades positivas, pero también las no tan positivas, o aquellas cosas en las que discrepamos, y aun así, deseamos continuar la relación. La razón por la que seguimos adelante es que si pusiéramos en una balanza todo lo positivo y lo negativo que vemos en nuestra pareja, pesaría más el lado positivo. Es en este momento cuando, a pesar de que ya no sentimos que nuestro corazón late a mil, y que no estamos tanto en las nubes cuando pensamos en nuestra pareja, deseamos vivir la relación como un proyecto en común.

El amor tiene diferentes componentes. Según Stemberg, el amor se puede entender como un triángulo en el que cada vértice representa uno de estos tres componentes:

- **Intimidad:** son los sentimientos que en una relación promueven el acercamiento, el vínculo y la conexión entre ambas partes. Es dar y recibir apoyo, comunicación, respeto, sentimiento de felicidad por estar junto a la persona amada... Es el resultado de interacciones fuertes, frecuentes y diversas.

- **Pasión:** es un sentimiento de intenso deseo de unión con el otro. Es la expresión de deseos y necesidades, de darse, de pertenecer al otro, de satisfacción sexual.

- **Compromiso:** es el componente esencial para superar períodos difíciles. Es la decisión de querer al otro a pesar de las diferencias y el deseo de que se mantenga el amor.

En la historia de una relación de pareja se puede estar más inclinado hacia uno u otro de los vértices según el momento que se esté viviendo, y, por supuesto, se puede estar enamorado y amar al mismo tiempo. Esto significaría que estaríamos más en el vértice de la pasión.

El enamoramiento se alimenta solo. Esto significa que con la imaginación es suficiente para sentirse bien, es lo que tú ves en la otra persona lo que te llena. El amor, en cambio, requiere una **interacción continua,** un contacto. «Hay que regarlo y abonarlo con mimo como a las plantas», pues el amor es algo vivo, que puede crecer y hacerse muy grande, pero también mustiarse y morir si no se cuida. Por tanto, lo que dure el amor depende de lo que cada uno aporte a la relación; y antes de prestar atención a lo que hace mi pareja por mí, debo fijarme en qué hago yo para que nuestro proyecto funcione, ya que cuantos más comportamientos agradables muestre hacia mi pareja, ésta inter-

La pasión es un sentimiendo de intenso deseo de unión con el otro y una forma de expresar deseos y necesidades..

pretará que quiero hacerla sentir bien, e intentará hacer lo mismo por mí. Esto se llama **reciprocidad positiva**.

Te propongo un ejercicio, te ayudará si tienes dudas respecto a lo que sientes por tu pareja:

1. Divide una hoja de papel en dos columnas. Escribe en la columna de la izquierda todas las cosas positivas que creas que tiene tu pareja, y en la de la derecha todas las negativas.
2. Dale a cada cualidad una puntuación de 1 a 10.
3. Suma todas las cualidades positivas.
4. Suma todas las cualidades negativas.
5. Reflexiona:

   - ¿Cuál de las puntuaciones es mayor?
   - De las cualidades negativas, ¿hasta qué punto máximo estás dispuesto a aceptarlas en tu pareja para continuar la relación? (Puedes ver el componente del compromiso descrito antes.)
   - Si realmente piensas que vale la pena continuar, lo que te ayudará a mantener lo positivo será, por un lado, la reciprocidad positiva, y, por otro, potenciar, pensar, prestar atención a esas cualidades de tu pareja.

Diez recomendaciones para mantener vivo el amor

1. **Demostrar admiración mutua.** Con el paso del tiempo es mucho más fácil ver en la pareja lo que no nos gusta de ella, y esto puede dar lugar a hacer numerosas críticas. No olvides que permaneces al lado de ella porque así lo elegiste en su momento, y porque viste cosas que un día te enamoraron. ¡Manifiéstalas!

2. **Expresiones de afecto.** Besos, caricias, sonrisas, palabras cariñosas, decir: «Te quiero», y demostrarlo…

3. **Confianza.** Contar con el apoyo de tu pareja, saber que va a

Las actividades al aire libre facilitan la comunicación y ayudan a descubrir las cualidades de la pareja.

creer en ti antes que en cualquier otro, que te va a defender… hace que la relación se haga más sólida y perdure el deseo de mantener vivo el compromiso.

4. **Comunicación.** La no comunicación genera ansiedad, miedo, angustia, inseguridad… Debemos expresar lo que pensamos y sentimos porque nadie puede ni debe adivinarlo.

5. **Apoyo mutuo.** Haz saber a tu pareja, con palabras y con hechos, que puede contar contigo en cualquier circunstancia.

6. **Mantener el atractivo hacia el otro.** Cuida siempre tu aspecto físico y mantén actitudes respetuosas, positivas y éticas hacia tu pareja y tus relaciones sociales. Son aspectos esenciales para mantener vivo el atractivo mutuo.

7. **Sentido del humor.** Es imprescindible encontrar situaciones en las que reír y divertirse. A veces hay tantas responsabilidades y problemas que dejamos a un lado este aspecto de la vida tan im-

Las relaciones sociales son enriquecedoras y un equilibrio para la pareja.

portante. Desde contar un chiste, recordar anécdotas graciosas pasadas, o ver una película cómica. Nunca dejéis de reír al menos una vez al día.

8. **Vivir la sexualidad de forma positiva.** Esto tiene que ver con los derechos sexuales de cada uno. Expresar deseos y aceptar rechazos, sin reproches, sin venganzas.

9. **Mantener las relaciones sociales.** Son fundamentales para el equilibrio de la pareja, porque de lo contrario podéis caer en la monotonía, en el aburrimiento… Y esto empobrece la relación. Los dos debéis aportar a la pareja lo mejor de vuestras relaciones sociales.

10. **Resolución de problemas.** Si cuando surge una dificultad sois capaces de llegar a un acuerdo mutuo, mirando el número de soluciones y viendo los pros y los contras de cada una, la sensación de satisfacción en la relación aumentará.

Capítulo 5
La conducta sexual

Sexo en solitario y sexo compartido

En este capítulo vamos a hablar de la conducta sexual. Distinguiremos entre sexo en solitario y sexo compartido, pues, evidentemente, no son excluyentes. Hay prácticas sexuales diferentes y gratificantes que pueden utilizarse en solitario o compartidas. Además, en distintos momentos de tu vida o según las situaciones, puedes utilizar unas más que otras.

Por lo general, la mayoría de jóvenes inician sus primeras experiencias sexuales en solitario y, posteriormente, las comparten. Las suelen alternar en función de sus relaciones personales, es decir, de si tienen relaciones esporádicas o una pareja estable.

El autoerotismo o masturbación es una práctica sexual habitual, te sirve para experimentar, para conocer tu respuesta sexual y saber lo que te gusta y lo que no.

En una ocasión, una mujer vino a nuestra consulta porque había descubierto que su marido se masturbaba a escondidas y lo «había pi-

---

Ideas clave

- *Conocernos sexualmente,* de forma íntima y erótica, nos permite disfrutar y compartir unas relaciones sexuales gratificantes.
- Que nuestro *disfrute sexual* dependa de la mayor o menor habilidad del otro para hacernos disfrutar, suele ser el inicio de la insatisfacción sexual propia y de la pareja.

llado». Ella pensó que quizá lo hacía porque ya no le atraía o porque no disfrutaba lo suficiente con ella. Le preguntamos si tenían menos relaciones sexuales que antes y respondió que no, que ella estaba satisfecha y que él ponía la pasión de siempre. Después de hablar del tema se dio cuenta de que sus temores eran infundados. Lo que ocurría es que su pareja continuaba utilizando la masturbación en solitario porque le satisfacía recordar el tiempo de su despertar sexual; esto le ayudaba, de alguna manera, a «mantenerse en forma» para disfrutar más con su pareja.

Es evidente que con las experiencias sexuales deseadas y gratificantes vas conociendo mejor lo que te gusta y cómo responde tu cuerpo ante cada situación. Este conocimiento de ti te es útil cuando compartes una relación: sabes exactamente lo que te gusta, cómo quieres que te toquen, sabes desconectar y, en definitiva, disfrutar. El conocerte sexualmente evita que dependas de la otra persona para disfrutar y que la otra persona tenga que asumir tu satisfacción. En ocasiones, pueden aparecer problemas cuando uno de los miembros de la pareja se siente tan responsable de la satisfacción del otro que vive la sexualidad de su pareja como un éxito o un fracaso propios.

La persona que tiene que asumir la responsabilidad de hacer disfrutar a otro/a que no sabe cómo funciona por sí mismo/a, acaba olvidándose de su propia respuesta sexual. Está demasiado pendiente de «cumplir» con el otro/a para que disfrute y, con frecuencia, acaba teniendo problemas sexuales, además de que, de forma indirecta, la sexualidad de ambos se resiente.

Sueños y excitación sexual

Como habrás experimentado, los sueños son caprichosos. Pueden ser muy agradables cuando en ellos consigues lo que quieres o estás inmerso en historias que te producen bienestar; pero también pueden ser sueños que te hacen sentir intranquilo, que no terminan, sueños donde ocurren hechos desagradables que te hacen sufrir y te despiertan con un sobresalto y mal cuerpo. Los sueños no tienen una ubicación en el tiempo, en ellos aparecen acontecimientos del pasado que se mezclan con otros del presente y del futuro. Aparecen personas conocidas y desconocidas que te gustan o no. Recuerdas poco de los sueños agradables y mucho de los angustiantes, y si quieres repetir aquellos que te han gustado o continuarlos para saber qué ocurre o llegar al final, no lo consigues. ¿No son increíbles? Forman parte del normal funcionamiento de la fase de sueño REM, que se suele repetir en tres momentos durante el tiempo en que dormimos. Siempre sueñas, pero en la mayoría de las ocasiones no te acuerdas.

Y si eres capaz de soñar con cualquier tema o persona, no te iban a faltar los sueños sexuales. Son igual de caprichosos que el resto de sueños,

Los sueños erótico-sexuales pueden ser muy gratificantes pero, aunque sólo son sueños, también pueden generar inquietudes.

por eso también pueden ser agradables o no. Por lo general, son sueños erótico-sexuales muy gratificantes. Aparecen de manera imprevisible; puedes pasar períodos donde aparezcan con frecuencia y otros de «sequía», incluso algunas personas confiesan no haberlos tenido nunca, aunque lo que ocurre en realidad es que no los recuerdan.

En los sueños sexuales puedes vivir situaciones insospechadas e incluso disfrutar «a tope» y sentirte atraído sexualmente por aquella persona que nunca antes te hubieses imaginado. Puede que incluso al recordarlo te sorprenda y te inquiete... No siempre ha de coincidir, pero si eres chico es posible que notes que tienes una erección y una eyaculación (polución nocturna), o si eres chica que aparezca una lubricación vaginal (sueños húmedos) que se correspondería con la excitación; en ocasiones, incluso se dan orgasmos, aunque esto no es tan común.

En una ocasión, un chico pasó unos días muy mal porque no sabía cómo mirar a la cara a su mejor amigo; esto se debía a que una noche soñó que «se lo montaba con él» y al despertar lo recordó todo. Imagínate cómo se sintió. Al día siguiente, al verlo en el instituto no supo qué decirle, ni se atrevía a mirarle, le daba vergüenza, tenía una sensación parecida a como si su amigo pudiera saber lo que había soñado. El amigo no se dio cuenta del apuro que pasaba; sí lo notó algo distante, pero no le dio ninguna importancia y en poco tiempo todo se normalizó. Nuestro chico, por suerte, entendió que esto puede ocurrir, que los sueños son muy caprichosos, y que él no sentía ninguna atracción sexual hacia su amigo. Él estaba seguro de que le gustaban las chicas.

Esto mismo puede ocurrirles a las chicas. El caso contrario le sucedió a una chica que, siendo lesbiana y con pareja estable, tuvo un sueño sexual con un hombre al que conocía. Al despertar, recordaba que en el sueño había disfrutado mucho.

En los sueños se viven experiencias que no forman parte de la vida real y que no necesariamente quieres que ocurran.

Fantasías erótico-sexuales

Seguro que en muchas ocasiones has tenido fantasías con tu cantante o actor/actriz favorito. Y esto te ha ocurrido aunque tuvieras pareja o hubiera alguien próximo a ti que te gustara. Cuando lo imaginas te ves en distintos escenarios y protagonizando diferentes historias, algunas con un alto contenido emocional, erótico y, por qué no, sexual.

Esas **imágenes mentales,** donde ocurren cosas, en ocasiones pueden expresar tu deseo sexual o provocarlo y también generar el inicio de una excitación sexual. Son imágenes que en algunas situaciones utilizarás para masturbarte y en otras sólo porque te resultan gratificantes. Pueden corresponderse con escenas de películas, pasajes de libros, situaciones vividas o páginas que hayas encontrado en internet, por ejemplo. Se reproducen en la cabeza introduciendo múltiples variantes con un denominador común: en ellas tú eres el personaje protagonista y el director de tu imaginación, por lo que puedes crear todo lo que quieras.

También puedes tener una fantasía favorita donde sucede siempre lo mismo y, sin embargo, te sigue provocando la misma satisfacción una y otra vez. ¡No te cansas nunca! No obstante, puede ocurrir que dejes de saborear otros manjares si comes siempre el mismo plato, además de que la monotonía no es una buena compañía para la sexualidad.

Accidentalmente, tu imaginación se puede disparar de forma inesperada y crear una fantasía sexual. Si ésta es satisfactoria no hay ningún problema, pero si no lo es porque lo que empiezas a imaginar no te parece normal sino absurdo o te produce malestar, no te obsesiones; cuanto más te esfuerces por que no acuda, más pensarás en ella, le darás más importancia de la que tiene y no se marchará de tu mente, resultándote molesta y «rayante». Lo mejor es aceptar que esto le ocurre a todo el mundo, que se tienen fantasías o imágenes que para una persona pueden ser muy desagradables o perversas y para otras no. Es un fenómeno normal y hay que pasar de ellas, así se irán por sí solas, tal como han venido.

¿Se pueden practicar las fantasías?

¿Es necesario llevar a la práctica tus fantasías sexuales? ¿El hacerlo ayuda o mejora tu sexualidad? ¿Tienes que explicárselas a tu pareja y compartirlas?

Sin duda, éstas son preguntas que en alguna ocasión tú también te has formulado.

Que tengas fantasías sexuales no significa necesariamente que quieras practicarlas. Las fantasías sexuales «son libres y no reales». Algunas, por sus contenidos y componentes, te gusta practicarlas. Otras no son adecuadas porque entran en conflicto con tu ética personal y, aunque pueden ser estimulantes, no son aceptables para ti; de modo que estas últimas es mejor que se limiten a existir en tu imaginación. Por otro lado, si en ellas participan personas que te son inalcanzables para tus posibilidades reales, no tendrás más opción que continuar imaginándolas; y si aparecen personas de tu entorno, siempre necesitarás su aceptación para materializarlas.

Explicar a otra persona tus fantasías sexuales es una manera de llevarlas a la práctica y puede ser muy excitante para ambos, además de crear un clima de confianza e intimidad sexual. Pero es una decisión tuya, no es imprescindible explicarlas. Tus fantasías están en tu imaginación y, por tanto, no se pueden juzgar con los valores de la realidad.

Algunas parejas se quedan sólo en la explicación, otras realizan una puesta en escena parecida a la de sus fantasías. De la imaginación a la realidad hay un salto importante, de modo que lo que imaginaban que experimentaban en su fantasía, como sensaciones, emociones, acciones…, en la realidad no son lo mismo, y en ocasiones se decepcionan, con lo que la fantasía deja de ser estimulante incluso en la imaginación.

Por eso, explicar todas tus fantasías o llevarlas a la práctica no siempre es lo más conveniente, ya que puede mermar o inhibir tu capacidad para crear fantasías y que esto influya en tu grado de deseo sexual, el cual se alimenta en gran medida de tus fantasías sexuales.

Contenidos de las fantasías sexuales

A continuación, exponemos algunas de las fantasías sexuales más recurrentes y las acompañamos de ejemplos cotidianos.

- **•Fantasías de experimentación.** Consisten en visualizar situaciones que nunca se han probado, situaciones insólitas donde domina la atracción por lo prohibido o el deseo de lo que nunca se ha llevado a cabo ni, probablemente, se llevará: ser protagonista de una película porno, tener relaciones sexuales delante de mucha gente mientras todos te miran, entre otras.

- **Fantasías de conquista.** Suelen ser fantasías de poder y autoridad, donde sometes a otra persona para que realice determinadas prácticas sexuales a petición tuya; o bien donde alguien te somete a su voluntad y tú debes hacer todo lo que te pide. Uno de los protagonistas hace de esclavo sexual y el otro de dominador. Ejemplo: eres la jefa y sometes sexualmente a tu capricho a un empleado que no te ofrece resistencia por miedo a que lo despidas.

- **Fantasías de cambio de pareja.** En ellas te imaginas que tienes relaciones sexuales con una pareja diferente a la tuya. Suelen ser personas deseables de tu entorno, por ejemplo una ex pareja, o lo que se denomina «sexo con celebridades»: personajes con proyección pública, actores, actrices, deportistas, escritores...

- **Fantasías de sexo en grupo.** Escenas de relaciones sexuales en grupo que incluyen orgías con amistades, escenarios de épocas antiguas o situaciones con dos personas del sexo contrario o del mismo sexo, entre otras.

- **Fantasías contemplativas.** A algunas personas les resulta gratificante imaginar escenas en las que observan a otras personas mientras practican actividades sexuales, pudiendo participar o no en un momento determinado. No las confundas con los *voyeurs*, ya que hablamos de fantasías no de situaciones reales.

- **Fantasías románticas.** Son ficciones de encuentros inesperados con una persona conocida o un extraño en lugares y condiciones idealizadas donde surge un «chispazo» de atracción, emociones que desembocan en un lance sexual que termina de manera feliz.

En las fantasías que experimentan los hombres y las mujeres hay más similitudes que diferencias; hoy en día, la mujer sufre menos represión sexual y ello ha permitido eliminar tabúes y miedos de épocas pasadas.

A algunas personas, experimentar estas fantasías puede resultarles molesto, a ellas o a su pareja si se las explican. Piensan que son una forma de infidelidad, que está mal y es incorrecto tenerlas mientras se mantienen relaciones sexuales con la pareja. Ello les genera sentimientos de culpa, de modo que, si así lo deseas, puedes prescindir de ellas o no comentarlas; sin embargo, debes saber que son de lo más común y que, probablemente, tu pareja también las tiene.

Las fantasías erótico-sexuales sustituyen una experiencia real, crean excitación, potencian la actividad sexual y provocan el orgasmo. Una fantasía sexual es un ensayo mental de futuras situaciones sexuales, donde se experimenta sin riesgos ni consecuencias. Nos permite durante un rato idealizarnos a nosotros mismos y a otras personas, ganar confianza en la ejecución sexual, y nos sirve como válvula de escape de la tensión sexual.

Estas fantasías se utilizan más en la masturbación que en el sexo compartido.

Los sentidos

Las fantasías sexuales son un elemento de estimulación erótica muy importante; se le denomina **estimulación psicógena**. Pero tu cerebro también realiza otra función fundamental para la estimulación erótica y la respuesta sexual.

El cerebro controla las percepciones que provienen de los sentidos y de las zonas corporales. Recibe y procesa toda estimulación y la potencia o la inhibe. Por medio de tus sentidos percibes y reaccionas ante el mundo exterior e interior. Los sentidos son fundamentales en tu sexualidad, por ello erotizarlos es un aprendizaje que te servirá para disfrutar sexualmente.

Todos tus sentidos están al servicio de estimular tus sensaciones placenteras, y aunque cada persona puede tener unos sentidos más desarrollados que otros, el sentido del tacto, en toda la extensión de tu piel, es esencial en tu sexualidad.

El tacto

Toda la piel de tu cuerpo se puede estimular. Este órgano sexual cubre una superficie de 1,7 metros cuadrados, aproximadamente, con infinidad de receptores a tu servicio para responder.

Hay muy variadas formas de estimularlo: el contacto de las manos, la boca y su juguetona lengua por determinadas partes del cuerpo, como los pechos, los pies o la espalda, la estimulación con pañuelos, juguetes eróticos, aceites aromáticos, objetos calientes o fríos, presión suave y ligera a toquecitos discontinuos o más intensos… Una infinidad de posibilidades y combinaciones abiertas a la creatividad que pueden hacerte agradable la estimulación de todo este órgano sexual que es la piel y el sentido del tacto.

Se dice que a los hombres les gusta más apretar, estrujar, palpar…, mientras que a las mujeres les gustan más las caricias suaves, las diferentes texturas, los cambios de temperatura…, o que las mujeres son más receptivas y los hombres más activos. Aunque son unas tendencias que están cambiando, en ocasiones todavía provocan desencuentros, ya que a algunos hombres no les gusta recibir caricias e incluso les molesta, y algunas mujeres se quejan de que son demasiado directos al tocar. Es importante tener en cuenta este aspecto al aprender el arte de tocar y de dejarse tocar. Otro desacuerdo es la tendencia de algunos hombres a estimular sólo una parte del cuerpo, los genitales, prescindiendo del resto. Al hacerlo así, se pierden el experimentar con cada centímetro del cuerpo y corren el riesgo de que la mujer se sienta molesta y no funcione la relación sexual.

La vista

Con una mirada puedes desencadenar un sinfín de sensaciones placenteras y expresar emociones como la serenidad, la ternura, el rechazo, la pasión, el deseo...

Los ojos, además, pueden captar «el interior» de la persona que quieres o deseas, incluso estando cerrados.

La mirada forma parte del excitante juego de la seducción que tanto hombres como mujeres practican y necesitan para la aproximación amorosa y sexual. En el hombre el sentido de la vista cobra una especial relevancia; con él busca y estimula su respuesta sexual y su deseo, y también a través de este sentido encuentra la entrada al mundo emocional de la atracción y, posteriormente, el enamoramiento. Sin duda, las mujeres saben esto desde hace milenios, y de ahí que cuiden su imagen para resultar atractivas a los hombres y seducirlos por su mirada (obviamente, también para sentirse bien consigo mismas). ¿Qué crees que hacía la encantadora Elena deambulando por los altos acantilados griegos de Esparta? Esperaba ser vista por algún hombre para atraer su mirada y conquistarlo. Y lo consiguió. Dice la leyenda que ésa fue la causa de la guerra de Troya.

Hace algunas décadas, la simple visión de la desnudez era de lo más excitante para los hombres y el contemplar un cuerpo desnudo era un estímulo lo suficientemente poderoso para provocar erecciones. En la actualidad, la desnudez se contempla como una aceptación de la autoestima personal y ha dejado de ser algo exclusivamente sexual. Al ser más accesible ha perdido parte de la carga erótica que contenía. En los tiempos de mayor represión sexual, la vergüenza y lo prohibido producían un efecto de mayor excitación cuando se veía un cuerpo desnudo, sin que ello signifique que la sexualidad fuera más gratificante.

Los hombres de hoy en día, como los de las culturas más primitivas, lucen abalorios y tatuajes en su cuerpo para realzar su masculinidad. Es una cultura que rinde «culto al cuerpo». Como en tiempos ancestrales, la visión del cuerpo de los hombres y las mujeres es un poderoso elemento de seducción.

El olfato

Es el sentido más primitivo y el más desarrollado en los mamíferos. Aunque en el ser humano se ha ido atrofiando, sigue siendo un sentido decisivo para acercarse o rechazar a otra persona. Las mujeres detectan con más facilidad que los hombres los olores de fragancias naturales que perfuman el ambiente, los aromas corporales que estimulan el erotismo o los olores desagradables por falta de higiene, como el mal aliento o el sudor rancio e intenso.

En la química de la atracción, las feromonas desempeñan un papel fundamental. Son sustancias químicas naturales, producidas por las glándulas sexuales, que actúan como mensajeras y cuya función es estimular la atracción y el deseo sexual.

Las feromonas han sido incorporadas recientemente por la industria de la cosmética en algunos productos para potenciar la atracción sexual: colonias, aceites, cremas…

Estos productos se venden como afrodisíacos. Para las mujeres, un afrodisíaco muy poderoso es el olor que desprende el cuerpo desnudo de su acompañante recién duchado, su olor natural, sin fragancias que lo oculten. A los hombres les ocurre algo parecido; les gusta el olor natural de su pareja. Excepcionalmente, algunas personas son maniáticas de los olores y prefieren una limpieza excesiva, casi «de hospital», que no permite a su pareja percibir el aroma natural, limpio, de su cuerpo; no saben que ello puede influir de forma negativa en la excitación y el deseo sexual de su pareja.

Es evidente que en nuestra sociedad los olores se reconocen como elementos de bienestar y placer. Lo vemos en multitud de anuncios publicitarios, películas, terapias… muchas veces asociados a la salud y, sobre todo, a la sensualidad y el erotismo.

El oído

Este sentido te permite escuchar el mundo de los sonidos que abren la puerta del erotismo y el placer sexual. El oído te transmite sentimientos, emociones, susurros, suspiros, gritos, llantos, goces, gemidos… Sentir palabras susurradas a escasa distancia de tu oreja con mensajes bonitos, sugerentes o ardientes puede hacerte temblar de emoción y despertar en ti una respuesta rápida y entusiasta que te induzca a compartir una actividad sexual. Este sentido produce un efecto más hipnótico en las mujeres. Como se suele decir, «a las mujeres se las conquista por el oído»; si no que se lo digan a doña Inés, que se estremecía con lo que le susurraba al oído don Juan Tenorio desde una apartada orilla.

No son sólo las palabras, determinados sonidos pueden resultar sensuales y estimulantes para el oído. Los más importantes son sin duda los musicales: los sonidos de tambores, que asemejan el pulso cardíaco de la excitación sexual con un incremento del frenesí; las melodías armoniosas y delicadas que relajan y despiertan los sentidos eróticos en los jardines de *Las mil y una noches;* las músicas caribeñas que invitan a bailar y mover de forma cadenciosa y sensual todo el cuerpo; o los boleros de letras apasionadas que hablan de amor y desamor, de encuentros y desencuentros, con sus ritmos lentos para bailar «agarrao», sintiendo el calor del cuerpo deseado.

Por otro lado, el lóbulo carnoso de la oreja invita a ser mordisquea-

---

¿Sabías que...?

- Las palabras **clímax** y **orgasmo** son sinónimas. Se refieren a la misma sensación y se dan en la fase final de la respuesta sexual humana.
- El **éxtasis** es una sensación fisiológica y psicológica placentera de bastante intensidad y carácter global que se percibe por todo el cuerpo y que tiene mayor duración que el orgasmo.

do o succionado y el orificio de la oreja a ser penetrado por una lengua húmeda y vibrante que despierte sensaciones infinitamente agradables.

Y qué decir de los teléfonos móviles o de internet y de cómo te han facilitado contactar con quien deseas y cuando lo deseas en la intimidad de tu habitación, sin ser escuchado por el teléfono fijo del comedor, y jugar a seducir con conversaciones sensuales, eróticas o sexuales.

El gusto

No podemos afirmar que existan sustancias afrodisíacas, pero tampoco negar que algunos alimentos estimulan la libido: las fresas, las trufas, la canela, el chocolate, las ostras y los mariscos en general..., aunque el efecto es diferente en cada persona. Dado que el sentido del gusto va unido al del olfato, para realzar los efectos gustativos de estos alimentos y de cualquier otro hay que olerlo primero y después saborearlo. Existen increíbles recetas culinarias que son un deleite para el paladar y despiertan la sensualidad; en su preparación incluyen la adecuación del ambiente, el ritual de la mesa, la música, las velas, el vestuario... En definitiva, la puesta en escena.

Las zonas erógenas

Existen determinadas zonas en el cuerpo que, por diversas razones (piel más sensible, humedad, mayor número de terminaciones nerviosas...), tienen un elevado efecto estimulante en la excitación y el placer sexuales. Entre estas zonas se hallan las que entran en contacto con la piel y las mucosas: alrededor de los labios, del ano, del glande y del clítoris o la vulva. Constituyen zonas altamente explosivas, porque sólo con acariciarlas suavemente, con los dedos, la lengua o los labios, producen un gran placer.

Sin embargo, si sólo pensamos en esas zonas nos perderemos el disfrute de gran parte de nuestro cuerpo: el inicio de la cabellera, cuando pasas los dedos entre el cabello y lo masajeas; la nuca, al levantar el pelo con los dedos en dirección contraria a su caída; la región de los

Zonas erógenas en la mujer y el hombre.

ojos, cuando pasas por ellos los dedos de forma circular y manteniendo la palma de la mano sobre ellos; los labios, tocándolos como si los perfilaras; el cuello, la espalda y, cómo no, los dedos de las manos y de los pies; la lengua, el lóbulo de la oreja, la cara interior de los brazos, el pecho y los pezones, la parte interior de los muslos y de las rodillas...

¿Cómo acariciar y tocar el cuerpo?

Con las manos, con aceites, con sedas, con la boca..., de manera suave, casi sin rozar o con mayor intensidad, con toquecitos, o con una cadencia continua… Lo importante es transmitir a la persona que acaricias que te gusta, la deseas y en ese momento sólo él o ella existe para ti.

Cada persona es diferente y resulta apasionante descubrir su cuerpo y cómo responde a tus caricias. No tienen por qué ir acompañadas siempre de una actividad sexual concreta. La intención de experimentar sensaciones agradables sin la finalidad de llegar el orgasmo es un aprendizaje estupendo para conocerte y conocer al otro/a y un elemento clave para disfrutar y compartir.

Como las zonas erógenas varían de una persona a otra, el juego previo es la mejor manera de descubrir los lugares más erótico-sensibles del cuerpo de tu pareja. Pero no olvides que cualquier zona del cuerpo, si es estimulada convenientemente por la persona adecuada y en el momento adecuado, puede provocar el éxtasis.

La masturbación

En el lenguaje cotidiano se utilizan palabras muy diferentes para expresar esta práctica sexual, y es curioso lo que significan algunas de ellas. Por ejemplo, «cascársela» proviene del latín *quassar*, que significa «sacudir»; hace referencia a la costumbre de sacudírsela al terminar la tarea sexual u orinar. «Pelársela» alude a descubrir algo oculto, como descubrir el glande del recubrimiento del prepucio; y esto mismo, hecho a lo bruto, sería «machacársela», «hacerse una paja», que deriva de

---

Mitos de la masturbación

- *Si te masturbas con frecuencia te apetecerá menos tener relaciones sexuales compartidas.* Al contrario, el aprendizaje y el conocimiento te ayudan a compartir y disfrutar más en pareja.
- *De los más antiguos, pero que aún se escuchan:* no crecerás, se seca la médula espinal, te salen granos, es de tontos, es de calentonas…
- *De los más modernos:* te puedes volver un adicto u obseso de la masturbación, causa impotencia, baja el rendimiento escolar, produce agotamiento físico y debilidad.

separar la paja del grano. Pero masturbarse deriva del latín *manus,* «mano», y *stuprare,* «deshonrar o prostituir»; en sentido literal sería «deshonrarse o prostituirse con la mano».

Masturbarse es toda forma de procurarse placer sexual por medio de una **estimulación física directa**, a partir de frotar, sobar, acariciar, oprimir los genitales y estimular otras partes del cuerpo; pero se refiere también al acto de excitarse o estimularse uno mismo y no precisa llegar al orgasmo. Se considera autoplacer o autoerotismo cuando se practica sexo en solitario, pero la masturbación puede compartirse con la pareja e incluso con un grupo.

La conducta masturbatoria se inicia en la primera infancia, en los dos sexos, y nos acompaña durante todas las etapas de la vida. Esta conducta aparece en la mayoría de especies del reino animal. Se ha observado a delfines en cautividad sin pareja introducir el pene en los tubos de desagüe de la piscina o restregarse en el suelo de ésta, y a elefantes deshonrándose con la trompa.

Esta práctica nunca ha tenido buena prensa; algunos sectores incluso llegaron a declarar que: «todos los actos sexuales conllevan un peligro orgánico, ya que producen una brusca acumulación de sangre en la cabeza y esto priva de flujo sanguíneo suficiente al resto del cuerpo. La consecuencia de ello es la paulatina degeneración de los nervios y otros tejidos de vital importancia, produciendo la demencia. La masturbación es especialmente peligrosa por lo fácil que es realizarla y por iniciarse su práctica en los años de la infancia y la juventud, pues perjudica el desarrollo posterior». Los estudiosos del tema visitaban los asilos mentales para observar y confirmar estas teorías tras ver cómo se masturbaban los solitarios pacientes ingresados. Algo de razón tenían, ya que la sangre fluye hacia la cabeza, pero quizá se referían hacia la «cabeza» del pene o del clítoris. Lo incorrecto era pensar que se trataba de algo negativo, pues, todo lo contrario, ese fluido sanguíneo es bueno para el riego de los tejidos de la zona sexual y ayuda a mantener una buena respuesta sexual y a disfrutar de las sensaciones placenteras.

La frecuencia con que se practica la masturbación depende de diversos factores. Se estigmatiza a los «pajilleros», que están todo el día dale que te pego al «manubrio», y a las «frota farolas», que utilizan las farolas para frotarse la vulva y el clítoris con el fin de masturbarse… Pero la frecuencia varía en función del momento y de las etapas de la vida y es diferente en cada persona. Cada cual lo hace según le apetezca, siempre y cuando no se practique de una forma forzada u obligada, por no quedar mal, pues entonces la frecuencia puede ser excesiva y quizá subyace algún problema. Lo mismo ocurre con las personas que no la utilizan; no significa que tengan algún problema, sino que no sienten la necesidad de realizarla. Otro caso distinto es el de quienes no la realizan por convicciones morales o religiosas o bien por desconocimiento o creencias erróneas de que es algo negativo.

No practicar la masturbación no es algo de por sí malo, pero está demostrado que practicarla con sentimientos de vergüenza, culpa o miedo y sin intimidad puede constituir una experiencia poco gratificante y que te procure un conocimiento contradictorio de tu sexualidad, malogrando un inicio positivo.

Técnicas masturbatorias

Existe una gran variedad de métodos para procurarse placer. Algunas personas utilizan habitualmente el mismo método pero introduciendo modificaciones, mientras otras recurren a métodos diferentes y los seleccionan según la ocasión. Cuenta mucho la inventiva de cada cual. En las mujeres no hay dos que lo hagan igual; la estimulación física puede ser similar, pero el ritmo, el tiempo, la manera y la presión son únicos en cada una de ellas. En los hombres la técnica es más uniforme, aunque también hay particularidades individuales.

Modalidades femeninas

La manera más habitual es estimular el clítoris, el monte púbico o los labios vaginales pasando la mano o frotándose suavemente o con fuerza o presionándose de manera alternativa.

Al contrario de lo que piensan con frecuencia los hombres, la in-

La manera más habitual de masturbación femenina consiste en estimular el clítoris, el monte púbico o los labios vaginales.

serción de los dedos en la vagina, de objetos o bien simultanear la estimulación de los pechos es menos habitual.

La mujer se dispone recostada, de pie, sentada, tumbada boca abajo…

Algunas prefieren frotarse los genitales contra objetos, almohadas, tejidos suaves o dejarse caer un chorrito de agua en la zona genital a modo de masaje, en lugar de utilizar sus manos.

Para incrementar las sensaciones táctiles se pueden aplicar aceites y lociones en la zona genital. Existe, además, una serie de lubricantes que producen la sensación de frescor o de calor y que incrementan la

---

Funciones de la masturbación

La masturbación cumple las mismas funciones para ambos sexos, independientemente de la modalidad que prefieras:

- Alivia la tensión sexual.
- Es una forma inocua de experiencia sexual.
- Proporciona autoconfianza en el desempeño sexual.
- Enseña a dominar los impulsos sexuales.
- Ayuda a mitigar la soledad de no tener con quién compartir sexo.
- Constituye una válvula de escape de la tensión y el estrés en general.

sensibilidad de la zona, produciendo sensaciones diferentes que pueden intensificar los efectos de la técnica que se utilice.

La tecnología ha permitido incorporar el efecto de vibración a los antiguos **consoladores,** y las mujeres lo han incorporado en sus métodos para la masturbación. Se comercializan con forma de cilindro, de pene, de pintalabios... y se utilizan para estimular el clítoris o toda la zona genital o bien para insertar en la vagina. Los hay de todos los tamaños; algunos incluso se pueden llevar discretamente en el bolso, por si surge «una emergencia», y con distintos niveles de vibración, con diferentes programas de variación de ritmo, en fin, al gusto de la consumidora.

La estimulación del clítoris se realiza en el tronco clitórico, no directamente en el glande del clítoris, ya que esta zona es muy sensible y las sensaciones que se producen en ella no ayudan a la excitación.

Modalidades masculinas

La mayoría de hombres se masturban frotándose, acariciándose el pene con movimientos de arriba abajo, bien a todo lo largo del miembro o con variaciones: sólo en el tronco y base del pene, en la zona del frenillo, en el repliegue que se forma debajo del glande, o bien retrayendo y avanzando la piel del prepucio sobre el glande. Se colocan recostados, de pie, sentados... El ritmo también es muy variado; por ejemplo, comienza lentamente y se va incrementando la fluctuación de los movimientos según aumenta la excitación, y cuando se está a punto del orgasmo, se enlentece, incluso se detiene, o se agarra con presión el miembro.

Pocos hombres estimulan otras zonas del cuerpo, como los pezones, el escroto, el ano..., pero algunos lo combinan con la técnica masturbatoria y así incrementan la excitación y experimentan sensaciones diferentes y placenteras.

Algunos prefieren frotar o friccionar el pene con objetos, habitualmente con la almohada o las sábanas. Otros insertan el miembro en el agujero de algún utensilio que disponga de un orificio adecuado, y realizan movimientos de empuje, simulando con ello el coito.

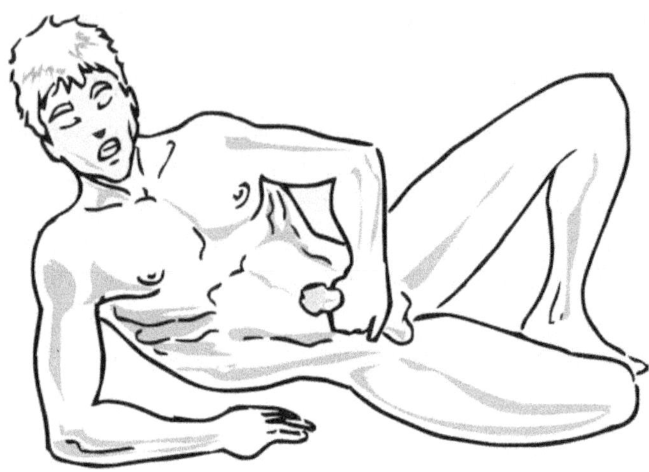

La manera más habitual de masturbación masculina consiste en frotarse y acariciarse el pene.

Existen también **artilugios para masturbarse**: vaginas artificiales fabricadas con materiales suaves, muñecas hinchables de tamaño real, aparatos que realizan los movimientos masturbatorios, succionadores... Todos ellos se pueden acompañar de cremas con distintas funciones: dar la sensación de calor, lubrificar, retardar la excitación, etcétera.

Otras modalidades menos frecuentes son la autofelación: practicar el sexo oral a uno mismo; llevarla a cabo depende mucho de la flexibilidad del cuerpo y de la longitud del miembro. Y la inserción de objetos en el ano: vibradores, bolas..., para estimular el esfínter anal y la próstata, mientras se utiliza alguna técnica de masturbación del pene.

«La primera vez»

La primera experiencia sexual con otra persona suele comportar ansiedad o nerviosismo. Te haces muchas preguntas: ¿saldrá bien?, ¿quedaré bien?, ¿sabré hacerlo?... Es lógico, la primera vez que hacemos algo solemos ponernos un poco nerviosos. No suele ser como te esperabas, pues es una situación nueva que conlleva una gran carga de emoción y, además, no conoces el cuerpo ni la respuesta de la otra persona ni tampoco la tuya en esa situación.

Es muy importante que tengas claro lo que deseas, qué tipo de relaciones sexuales quieres tener y con quién. Negocia antes tus deseos, eso te ayudará a no sentirte presionado/a. Sabes que no te traerá nada positivo hacer algo que no quieres hacer. Sólo tú puedes saber hasta dónde quieres llegar. Si sientes que no se respetan tus gustos ni tus deseos, no vivirás la sexualidad desde la comunicación, el afecto y el placer.

Si has decidido que sí, que quieres tener relaciones sexuales con otra persona, en primer lugar, buscad un sitio tranquilo y relajado, pues las prisas no son amigas de una vivencia de la sexualidad positiva y menos si es la primera vez.

Empezad con las caricias, tocando todo el cuerpo poco a poco, también las zonas genitales, lentamente y con mucha suavidad. Es la mejor forma de asegurarte que tu pareja esté excitada. **Expresar lo que sientes, quieres y deseas** es muy importante: «acaríciame más suave», «me gusta ese ritmo», «deseo que me toques aquí»… Si te da vergüenza o prefieres no hablar puedes guiarle con tu mano. Fíjate en los gestos, sonidos y movimientos de tu pareja, ya que te orientarán sobre si está o no re-

---

El sexo se habla y se pacta

- Un lugar adecuado facilita sentirse bien y dejarse ir. Aseguraos de encontrar un espacio donde no os vayan a molestar ni a interrumpir.
- Olvidaos de las prisas, trataos con ternura, respeto y sin críticas para no forzar lo que no se desea.
- Si hay penetración, aseguraos de que sabéis usar el condón y de pactar cuándo y cómo seguir o parar, asignando una señal o frase cuando algo no se desee.
- Si alguno de los dos no desea la penetración, podéis utilizar otras prácticas sexuales igualmente gratificantes, donde la imaginación será vuestra principal aliada.
- Las primeras relaciones son muy importantes para ti, y a medida que vayas experimentando irás disfrutando más de tu sexualidad.

ceptivo/a. Ten en cuenta que la observación facilita el respeto y el acoplamiento sexual.

Si has decidido que ahora quieres la penetración, atiende: ¿tu pareja está relajada? Si no es así o no estás seguro/a de que lo esté, continúa con las caricias.

¿Qué postura elegís? Si tu pareja es heterosexual, y eliges la postura del misionero (el chico encima), el que la chica se coloque un cojín debajo de las nalgas favorece la penetración vaginal. Otra postura que la facilita es la de la chica encima con las piernas flexionadas. Nunca hay que forzar la penetración porque entonces puede resultar dolorosa, y asociar dolor a penetración traerá consecuencias negativas en el futuro. Es normal que al principio parezca más difícil, se debe a la falta de experiencia.

Las primeras veces es posible que no alcances el orgasmo con la penetración; no te preocupes, esto también es muy frecuente. Las relaciones compartidas requieren más técnica, un conocimiento mutuo, capacidad de atención y concentración en uno mismo y respeto por los gustos de cada uno. Ello se aprende con la experiencia y la confianza.

La sexualidad de las personas con necesidades especiales

Cuando utilizamos la expresión «personas con necesidades especiales» nos referimos a las personas que tienen alguna discapacidad, bien sea física, sensorial o mental.

Si partimos de la base de que todos somos seres sexuales, es decir, que tenemos sexualidad, es obvio que el término «todas» incluye también a las personas que desde su nacimiento, o a causa de un accidente o enfermedad, presentan algún retraso mental, son ciegas o van en silla de ruedas.

Hay diferentes grados de **discapacidad mental** y ello repercutirá en un mayor o menor disfrute de su sexualidad. Con una educación sexual adecuada y los métodos anticonceptivos pertinentes, estas personas pueden tener una vivencia positiva de su sexualidad y mantener relaciones de pareja y sexuales plenas y gratificantes.

Las personas **sordas** o **ciegas** no tienen ningun problema de respuesta de sus órganos sexuales, pero sí precisan poner más énfasis en la comunicación y el placer.

Las variables que inciden en la sexualidad de los hombres y las mujeres que han nacido con espina bífida, parálisis cerebral u otra patología congénita y las personas que han padecido una **lesión medular por un accidente** o una enfermedad, como la esclerosis múltiple, son muy parecidas a las del resto de la población, todo dependerá del grado de discapacidad.

En concreto, las personas que después de un accidente de motocicleta o automóvil se enfrentan a las secuelas de una lesión medular –generalmente jóvenes de 18 a 35 años–, tienen que recomponer su esquema corporal y adaptar sus conductas sexuales a sus posibilidades físicas, pero ésto no tiene por qué disminuir su deseo sexual ni sus ganas por tener relaciones sexuales. Si bien la conducta sexual preferida sigue siendo el coito, ante la mueva situación, la práctica bucogenital, los besos, las caricias… cobran más importancia. Es importante que la persona víctima de un traumatismo medular sea informada y aconsejada lo antes posible sobre las repercusiones en su esfera sexual, así como que los profesionales intenten destruir los clásicos mitos sexuales que inciden al respecto y les informen de los medios disponibles actualmente para mejorar la sexualidad.

La ausencia de sensaciones no implica una ausencia de sentimientos, del mismo modo que la imposibilidad de moverse no significa necesariamente una imposibilidad de sentir placer, y que un pene en erección o una vagina húmeda no implican por sí solos una buena relación.

Los derechos sexuales de las personas con necesidades especiales se resumen así:

- Derecho a recibir información sobre la sexualidad.
- Derecho a recibir educación sexual.
- Derecho a expresarse sexualmente.
- Derecho a la paternidad/maternidad.
- Derecho a tener acceso a servicios de ayuda.

Sexo oral

Es una práctica sexual en la que se estimulan los órganos sexuales con los labios y con la lengua. Suele recurrirse a ella como parte del juego de estimulación previa al coito, como actividad sexual en sí misma o como ayuda para despertar de nuevo una erección.

¿Qué opinan las chicas del sexo oral?

Consideran que para los hombres es una estimulación muy deseada y pedida por ellos con frecuencia. Veamos las siguientes opiniones: «Le gusta mucho, pero yo me privo por lo que él pueda pensar», o bien: «A mí los que no me importan no quiero que vayan hacia abajo, pero los que sí me importan sí que quiero que vayan». Para que las chicas practiquen el sexo oral necesitan conocer a su pareja y tener un mínimo de confianza en la relación, tanto para realizarlo como para que se lo hagan a ellas. Es curioso que, si bien a la mayoría de hombres les gusta que les realicen esta práctica, a muchos no les gusta hacérselo a las mu-

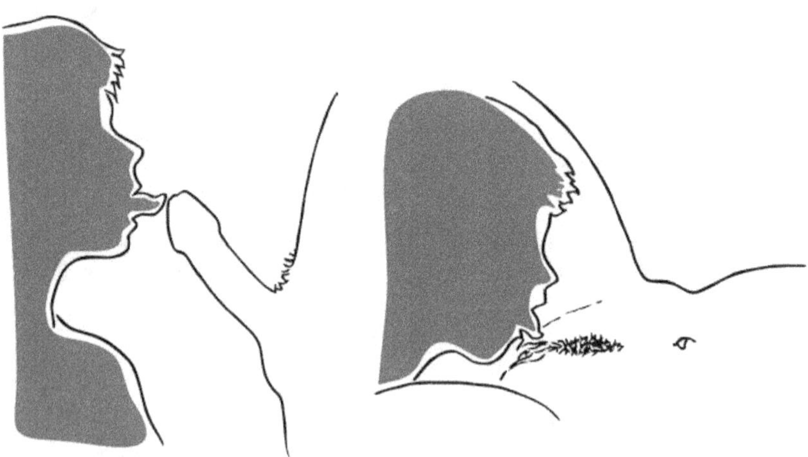

La felación (izquierda) y el cunnilingus (derecha) son dos formas habituales de sexo oral.

jeres. Con ellas ocurre al contrario y, para un gran número de mujeres, practicar el sexo oral al hombre les resulta desagradable; los motivos son diversos: por tener la sensación de ahogarse si se introduce demasiado el pene en la garganta, porque la eyaculación en el interior de la boca no les agrada o porque lo asocian a un órgano de excreción de la orina. No cabe duda de que para realizar esta actividad sexual es esencial una adecuada higiene de los genitales.

¿Qué opinan los chicos del sexo oral?

Muchos chicos, ante una nueva pareja, suelen preguntarse: «¿lo hará o no lo hará?». Algunos reconocen que «el sexo oral viene cuando hay una relación estable, o cuando ya llevas varios días con una chica». Por qué esta práctica apetece mucho a los hombres no lo explican las posibles sensaciones que experimenten, pues la vagina no se adapta menos blandamente, ni es menos resbaladiza que la boca, sino que tiene que ver con su autoafirmación como hombres: «Es una sensación muy apetecible, me convence de que realmente me desea». Para ellos, este íntimo reconocimiento labial significa la aceptación de su miembro y, por tanto, de la importancia que se le otorga, y con ello, el reconocimiento de su virilidad. Por otro lado, a ellos también les gusta lamer y sorber con igual placer los genitales de su pareja y, sobre todo, percibir el olor y sabor naturales de una mujer.

Variantes del sexo oral

Cunnilingus

Esta palabra proviene de los vocablos latinos *cunnus*, «conejo», y *lingus*, «lengua». Es una forma de sexo oral que consiste en lamer y chupar los genitales femeninos, los labios de la vulva, la entrada de la vagina y, en especial, el clítoris con la lengua y los labios. También se puede estimular al mismo tiempo el clítoris con los dedos o bien introducir éstos en la vagina.

Se suelen realizar movimientos vibratorios o circulares con la lengua en torno al clítoris para incrementar las sensaciones de excitación. Hay mujeres que experimentan un gran placer con sólo sentir el contacto de la lengua prácticamente inmóvil sobre el clítoris, para luego ellas iniciar sus movimientos a voluntad.

Inicialmente, puede resultar molesto estimular de forma directa el glande del clítoris; por ello se acude más a lamer o besar y después, cuando se retrae el glande, a chupar y estimular con más intensidad y a mayor ritmo. Por lo general, al aumentar la excitación, a las mujeres les gusta presionar la cabeza del hombre contra la zona genital lamida y realizar movimientos de la pelvis que incrementen la estimulación.

Algunas mujeres, cuando llegan al orgasmo y durante un espacio de tiempo, no soportan que se les siga estimulando el clítoris, porque la sensibilidad que en él experimentan les resulta molesta, de modo que hay que dejar de lamer dicha zona para pasar a otro tipo de caricias que acompañen ese momento de sumo abandono y relajación.

Felación

Del latín *fellatio,* consiste en lamer o chupar el pene y los testículos con la boca, la lengua y los labios. La parte más sensible es el glande,

---

Profilaxis del sexo oral

- Al haber contacto entre la mucosa bucal y el líquido preseminal, el semen o las secreciones vaginales, así como con la mucosa anal, puedes contraer enfermedades de transmisión sexual e infecciones.
- Puedes jugar a estimular la zona genital de tu pareja con la nariz, la boca y el mentón.
- No soples en el interior de la vagina, puede causar molestias serias.
- Puedes mordisquear sin temor los labios vaginales o los testículos.
- Si utilizas miel, nata u otros alimentos para darle un sabor diferente a tu cuerpo al practicar el sexo oral, procura que no entren en la vagina, ya que pueden alterar la flora vaginal y producir infecciones.

su corona y el frenillo, por lo que actuar sobre esta zona es suficientemente estimulante al realizar el sexo oral. Sin embargo, al hombre suele gustarle introducir todo el pene en la boca y ser chupado o estimulado con movimientos de vaivén.

La persona feladora es habitualmente la que se mueve, mientras el felado esta pasivo. El inconveniente es que puede producir sensación de ahogo y, por ello, no ser tan apetecible para la pareja. Lamer los testículos o incluso chuparlos o introducirlos en la boca y lamer la zona del perineo es también muy apetecible y se suele combinar con la masturbación del pene simultáneamente.

Irrumación

Es una variante de la felación. Aquí, es el hombre el que realiza los movimientos de vaivén mientras introduce el pene en la boca de su pareja.

Anilinguo

Cuando se lame y chupa el ano de la otra persona o se introduce la lengua en el recto. También se le denomina «beso negro», ya que la piel del ano es más oscura que la del resto del cuerpo.

El sesenta y nueve

Es una postura que consiste en colocarse acostados uno paralelo al otro o bien uno encima del otro, pero en sentido inverso, es decir, la cabeza de cada uno a los pies de la pareja. De esta manera, cada uno puede estimular oral y manualmente los órganos genitales de la otra persona.

Humming

Proviene del inglés y significa producir un sonido gutural generado en la garganta. Este sonido produce un cosquilleo en la zona genital de la pareja, hombre o mujer, mientras se realiza el sexo oral.

Sexo anal

La mayoría de la gente joven no hace referencia a esta práctica sexual. Aunque se practica, se suele ocultar por diversos motivos. Algunos se inician sexualmente en pareja con el sexo anal, ya que así evitan el riesgo de embarazo y mantienen la virginidad. Muchas chicas practican esta modalidad sexual con su pareja precisamente con esta finalidad. El 40 % de parejas heterosexuales lo han practicado alguna vez. El ano presenta infinidad de terminaciones nerviosas, de modo que puede ser muy excitante y placentero para hombres y mujeres. Lo que ocurre es que se asocia a una posible inclinación homosexual.

¿Cómo practicarlo?

El esfínter anal es un músculo que se contrae y dilata, de modo que puede ofrecer cierta resistencia si se va a penetrar. Es muy importante que la persona esté relajada, que exista confianza con su pareja y no se sienta obligada a practicarlo, sólo así será un acto placentero.

La mucosa anal no se autolubrifica, es preciso extender crema o gel lubricante en el ano, dedo o pene para facilitar la inserción y los movimientos en su interior.

Es conveniente realizar penetraciones suaves y paulatinas, para que el ano vaya dilatándose poco a poco hasta acomodarse al tamaño del pene; en ocasiones, incluso puede ser adecuado dilatarlo previamente con los dedos. Los movimientos también deben ser suaves, no tan enérgicos como los del coito vaginal, ya que se pueden lesionar algunos tejidos; la persona penetrada es quien debe marcar el ritmo y establecer la profundidad de la penetración.

Dado que la mucosa anal es una vía de entrada de virus y bacterias, resulta conveniente utilizar el preservativo. Tampoco es adecuado penetrar el ano y, acto seguido, la vagina, ya que facilitarías las infecciones; en todo caso, cambia de preservativo o limpia con agua y jabón el pene y los dedos. Para evitar posibles restos fecales, limpia previamente el ano con un enema o asegúrate de haber defecado antes; así, evitarás que se queden adheridos restos y olores desagradables en los dedos o en el preservativo.

Alternativas al sexo anal

Si te causa mucho reparo realizar sexo anal, puedes probar con el «masaje anal», válido para hombres y mujeres. Consiste en estimular con los dedos u objetos previamente lubricados en torno al esfínter anal, introduciéndolos ligeramente, con caricias o presión, mientras realizas otra práctica sexual o sólo como actividad estimulante que probar.

Otra alternativa sería explicar y comentar cómo te gustaría realizarlo sin llegar a hacerlo, o utilizarlo en forma de fantasía, mientras llevas a cabo otra práctica sexual con tu pareja o solo.

Para estimular el llamado punto «g» en el hombre (la próstata), hay que acceder a través del ano, lo cual requiere emplear lubricante.

Cuando la mujer llega a la fase de orgasmo se produce una serie de contracciones involuntarias del esfínter anal; por ello, a algunas les resulta placentero utilizar «rosarios anales», que al extraerlos en el preciso momento en que se dan las contracciones les resulta excitante.

Posturas sexuales

Ha llegado el momento del acoplamiento, es decir, del coito. Nuestro propósito no es describir minuciosamente todas las posturas coitales posibles; de hecho, ya existen diversos libros al respecto muy conocidos y difundidos, el *Kamasutra* o el *Ananga-Ranga*, por ejemplo, que refieren una amplia gama de posibilidades, desde la tradicional del «misionero» a las sesenta y cuatro variantes para la penetración del *Kamasutra*. Creemos que lo importante es poner la imaginación al servicio del erotismo y del placer, por ello dejamos en tus manos descubrir con tu pareja qué posturas os resultarán más apetecibles a cada uno o a ambos. Sí hemos creído oportuno plantearte algunas posturas base, a las que luego puedes incorporar tu creatividad y agilidad. El objetivo es facilitar la estimulación de los órganos sexuales femeninos y masculinos de diferentes maneras para que juntos experimentéis sensaciones nuevas.

A continuación, te exponemos catorce **posiciones básicas.** El orden en que aparecen no implica mayor o menor grado de dificultad. Mencionamos el nombre científico y los nombres comunes por los que se conocen, y te indicamos con una clave qué zonas son las más estimuladas y qué posibilidades presentan.

La hamaca o fusión.
Estimulación del punto «g» y de toda la vagina. Buena estimulación del glande. Manos libres del hombre para acariciar la espalda de la mujer. Ésta puede acoplarse para estimular el clítoris.

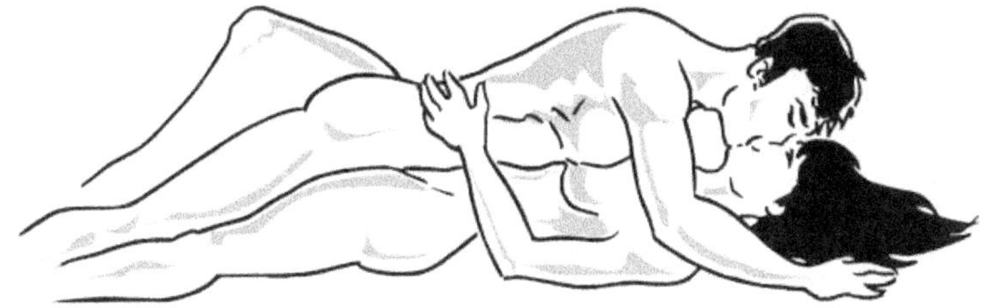

El misionero. Estimulación del glande. Buen contacto facial. Manos libres.

Cara a cara de profundidad. Buena estimulación del glande.

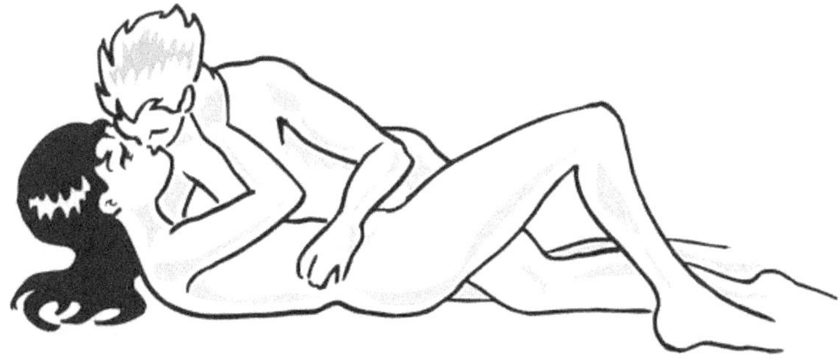

Posición lateral anterior. Buen contacto facial. Manos libres de ambos. Estimulación del punto «g».

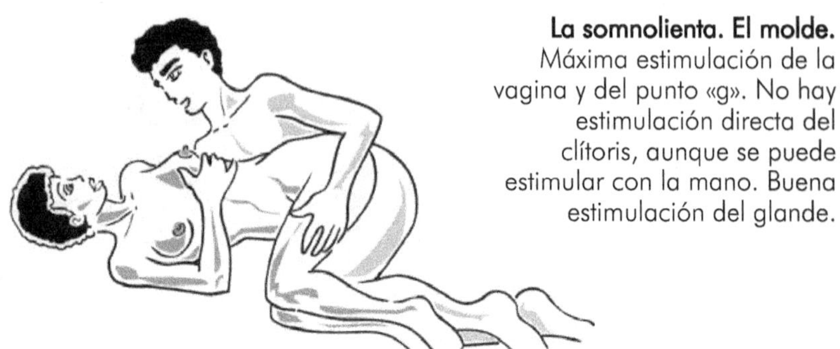

La somnolienta. El molde.
Máxima estimulación de la vagina y del punto «g». No hay estimulación directa del clítoris, aunque se puede estimular con la mano. Buena estimulación del glande.

El perrito. Furor salvaje.
Buena estimulación vaginal y del punto «g». Manos libres del hombre para acariciar. Buena estimulación del glande.

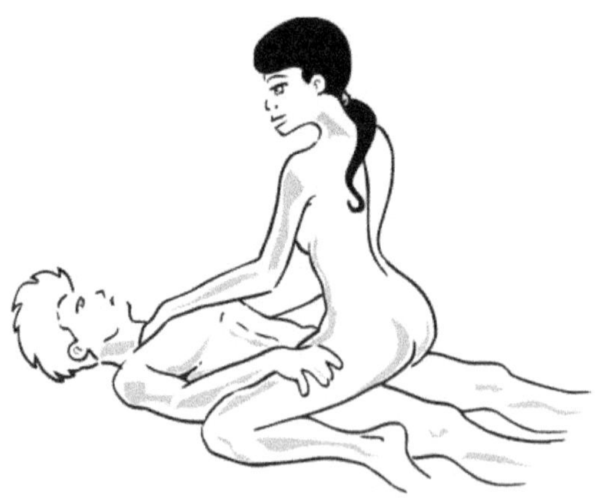

El sometido.
Buena estimulación vaginal. La mujer dirige el ritmo. Buen acoplamiento para fricción del clítoris. Manos libres para acariciar y buen contacto visual.

Sorpresa.

Máxima estimulación del glande. Estimulación del punto «g». No hay estimulación directa del clítoris, pero sí se puede estimular con la mano. No se da contacto visual.

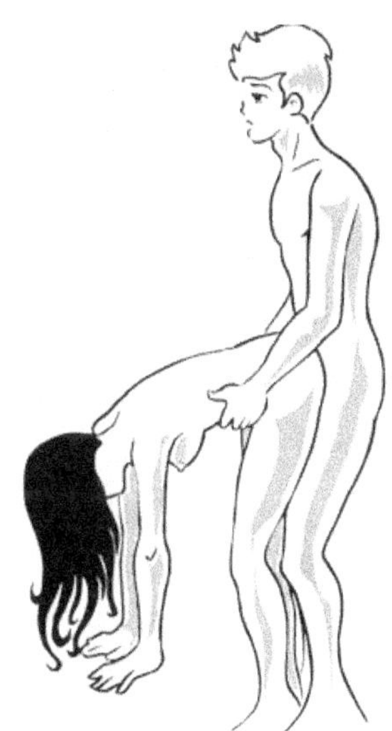

Penetración posterior tumbados.

Buena estimulación del punto «g» y máxima estimulación del glande.

Penetración puente.

Estimulación del glande y del punto «g». Buena estimulación visual.

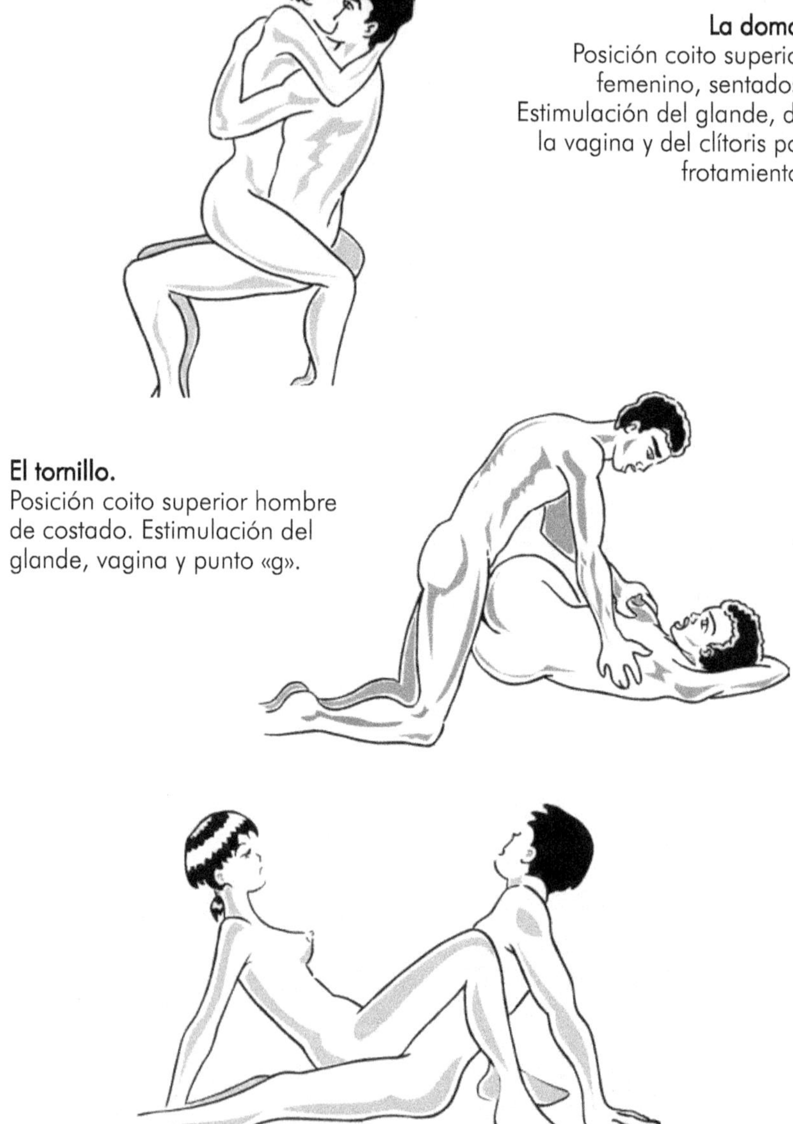

La doma.
Posición coito superior
femenino, sentados.
Estimulación del glande, de
la vagina y del clítoris por
frotamiento.

El tornillo.
Posición coito superior hombre
de costado. Estimulación del
glande, vagina y punto «g».

La fusión. Posición coito superior mujer. Estimulación del glande y del
punto «g». Buen contacto visual. Estimulación del clítoris por frotamiento.

El abrazo.
Penetración anterior de pie.
Estimulación del glande y de
la vagina.

Otras maneras de relacionarse con el sexo

Hasta aquí hemos visto las formas más habituales de formalizar una relación sexual. No obstante, hay otras que, aunque también habituales, producen un cierto rechazo social, bien por motivos culturales o éticos, llegando a estar legalmente penalizadas.

La pornografía

El material sexualmente explícito, con imágenes que representan el acto sexual o la exposición de cuerpos desnudos, no es exclusivo de nuestra época; se daba en la antigua Grecia, en el Imperio Romano, la India, África o el Japón. El interés por este material erótico se remonta a mucho tiempo atrás y es universal. Con los avances tecnológicos su presentación se ha diversificado y mejorado, y se ha masificado el acceso a los productos pornográficos a través de los medios más diversos.

¿Cuáles pueden ser las razones del interés por adquirir este material? Son diversas:

— como fuente ilustrativa de conocimiento y de información sobre la conducta sexual;

— para facilitar y despertar la excitación sexual a fin de realizar alguna actividad sexual;

— para activar la imaginación y para el recreo de la persona en situaciones prohibidas sin consecuencias;

— como estímulo para imaginar situaciones similares a las que presente el material pornográfico ensayando actos que el individuo espera realizar o que despiertan su curiosidad;

— o como mero entretenimiento visual, sin buscar una excitación sexual.

No hay mucha diferencia en el tipo de excitación sexual que provocan las ilustraciones, las películas o los escritos, es a gusto de cada uno. A algunas personas les encanta deleitarse con fotos, otros prefieren las escenas en movimiento, otros gustan de leer relatos y disfrutan con lo que éstos evocan… El material erótico nos excita más por lo que significa, es decir, por su contenido, que por su forma de presentación.

El ver material erótico o pornográfico produce en hombres y mujeres una respuesta psicológica y fisiológica. La idea de que gusta más a los hombres proviene de la represión cultural que se ha ejercido respecto al derecho de disfrutar, represión que ha sido más fuerte en las mujeres, pero a nivel fisiológico ambos sexos responden igual.

Existe la idea de que a los hombres les *pone* más las escenas de primeros planos y de genitales o directas de actos sexuales, mientras que a las mujeres les estimulan más la elegancia, el contexto de las escenas y el clima sentimental, pero en realidad unos y otras tienen gustos similares en cuanto a lo que puede resultar estimulante o no.

El recurrir de forma continuada a material erótico o pornográfico no te hará cambiar los hábitos sexuales, en todo caso puede producirte cansancio y aburrimiento.

La pornografía trata habitualmente a la mujer como un objeto sexual y de forma degradante, y esto favorece la discriminación sexual. Es evidente que refuerza estereotipos y prejuicios preexistentes en la sociedad y, a lo sumo, estimula actitudes que el individuo tiene incorporadas y que en su práctica cotidiana realiza.

Otros efectos del uso de material erótico-pornográfico son:

- a algunos individuos les ayuda a superar dificultades de orden sexual o a reducir sus inhibiciones;
- a otros, en cambio, puede producirles ansiedad, al compararse con los atractivos protagonistas: sus atributos físicos, corporales y genitales, su desempeño sexual, inmediata respuesta sexual y duración, y pueden reaccionar con inseguridad respecto a sus capacidades sexuales.

La prostitución

Se dice que la prostitución es el oficio más antiguo de la humanidad. Esta afirmación es falsa y sólo pretende justificar en la sociedad una cuestión complicada de abordar, sin darle una solución digna.

El hecho es que hay personas que se dedican a la prostitución y personas que recurren a ella. Pero ¿por qué?

Por un lado, se comercia con lo sexual. Esto se debe a la represión existente sobre la sexualidad en las sociedades de todos los tiempos, lo cual obliga a algunas personas a pagar por obtener favores sexuales, una práctica que no consiguen llevar a cabo de forma normal, es decir, con sus parejas. Todo ello genera un beneficio, el de «lo prohibido», o de lo que no se tiene y se desea.

Por otro lado, está la posibilidad de obtener dinero con una actividad fácil de realizar en apariencia y que permite subsistir. Las personas que ejercen la prostitución acostumbran a vivir en una situación de marginación a la que la sociedad las relega, sobre todo las mujeres, a las que se empuja a obtener dinero para asegurarse un mayor consumo de bienes o de determinadas sustancias.

Como en todo oficio, hay un maestro. Éste enseña y dirige su «negocio» y, a cambio, obtiene un gran beneficio. Todos conocemos la figura del «chulo» que vive de la prostituta y los gremios o «mafias organizadas» que ganan cantidades inmensas de dinero comerciando con el sexo y las personas que lo ejercen.

Es un oficio antiguo porque, por desgracia, para obtener bienes y cubrir sus necesidades, la mujer ha tenido que recurrir desde hace muchos siglos a realizar favores sexuales a quien lo poseía todo, el hombre.

¿Pero qué ocurre en la actualidad?

Hoy en día, no es extraño ver por doquier cómo se ofrecen servicios de prostitución. Es algo que está presente en las calles, los periódicos, las carreteras (bien sea al pie de las mismas o anunciados con carteles de locales luminosos), las páginas en internet que aparecen en tu pantalla sin buscar, la televisión… Aunque la sexualidad se vive con menos represión que tiempos atrás y se ha conseguido cierta igualdad entre hombres y mujeres para disfrutar del sexo, algunas situaciones favorecen el mantenimiento de la prostitución:

- Algunas personas la ejercen puntualmente para pagar sus estudios, la hipoteca, el coche nuevo, el consumo de sustancias que se lo hagan pasar bien… y lo consideran una forma normal de conseguir dinero rápido.

- Para otros significa conseguir algo que ya no se vive como prohibido y tabú, que es el sexo pagando. Al tenerlo presente y a su alcance en tantos sitios, lo consideran una alternativa o una conducta sexual más que incorporar en sus vidas. Por ello, hoy en día, mucha de la clientela de las prostitutas es gente joven, que se inicia en el sexo con ellas o que acuden aun teniendo pareja para experimentar algo diferente.

El lado negativo de la prostitución no es la actividad sexual en sí, sino las lacras que la acompañan: la explotación por el crimen organizado o por los chulos, la drogadicción, los riesgos físicos de determinadas prácticas sexuales, las agresiones de algunos clientes y la incapacidad de economizar con vistas a un futuro. Por todo ello, algunos países han legalizado la prostitución (Alemania y Holanda, en Europa), con el fin de minimizar estas lacras, aun a sabiendas de que esto no la eliminará.

Juguetes eróticos y algo más sobre afrodisíacos

Afrodisíacos, juguetes eróticos… cada vez sabemos un poco más. Ya no nos suenan tan extraños, hemos oído hablar de ellos en programas de televisión, en anuncios, a nuestros compañeros/as, e incluso los he-

Los juguetes eróticos son una fuente de inspiración en las relaciones erótico-sexuales.

mos visto en el supermercado, y cuando los vemos o escuchamos que hablan de ellos prestamos atención.

Siempre han existido y siempre se han buscado. Los afrodisíacos son sustancias que se supone aumentan el deseo o la potencia sexual. Se atribuye tal proeza a las ostras, la canela, los espárragos, el caviar, el chocolate, el apio, la menta…, y otros mucho más sofisticados y que atentan contra la vida de especies animales en peligro de extinción, como el cuerno de rinoceronte, los testículos de toro o el pene de diferentes animales. ¿Cuántas veces has ingerido tú alguno de estos alimentos? ¿Y cuándo has sentido que te inundaba la pasión sexual? Cualquiera de estos alimentos y muchos otros más funcionan como afrodisíacos sólo si tú quieres, si tu actitud estimula tus sentidos y te predispones a disfrutar del sexo.

Respecto a los aromas, los aceites, las cremas y los lubricantes, los dos últimos son quizá los más conocidos. ¿Sabes que los hay de diferentes sabores, incluido el chocolate? Sirven para estimular el contacto, al tocar tu piel o la de tu pareja, para investigar las sensaciones corporales, descubrir tu cuerpo o el del otro, en fin, para entender que la sexualidad no es sólo genitalidad.

Para descubrir el cuerpo, las últimas novedades son la pintura de chocolate, los polvitos de miel o los de frambuesa. Con ellos puedes dar rienda suelta a tu imaginación y despertar tu capacidad artística dibujando el cuerpo de tu pareja; te gustarán, su sabor es excelente.

Pero hay más juguetes: los vibradores y los estimuladores de clítoris, vagina o recto. Aparte de estimular las zonas genitales puedes juguetear con ellos por todo el cuerpo. Son muy interesantes, ya que facilitan el conocimiento de las distintas fases de la respuesta sexual y del orgasmo. Es una manera divertida y placentera de investigar y de que te investiguen.

¿Qué más tenemos?

Los anillos vibradores de silicona se colocan en el pene. La leve presión que ejercen en el miembro provoca una sensación de mayor erección y su vibración estimula la vulva de la chica durante la relación coital.

Las bolas chinas son dos bolas, a veces de diferente textura, unidas por un cordón que se introducen en la vagina. Aparte de estimular los genitales femeninos, mejoran el tono muscular del suelo pélvico, por lo cual resultan muy útiles para aquellas mujeres que, o bien por la edad o por el esfuerzo de los partos, tienen riesgo de padecer prolapsos genitales (descolgamiento de la matriz o la vejiga) o incontinencia urinaria.

Capítulo 6
¿Dificultades con el sexo?

Disfrutar de buen sexo requiere **explorar y practicar.** Puede que pensemos que «la primera vez» será todo perfecto y, sin embargo, como en otros aspectos de la vida, suele ser poco menos que un desastre, o en el mejor de los casos, el resultado está lejos de lo que nos imaginábamos. Veamos por qué.

El aprendizaje en el sexo

Para que las cosas salgan bien tenemos que hacerlas con cuidado, prestando atención, y repetirlas. Imagínate un cocinero de reconocido prestigio. Es bueno porque practica, experimenta, crea, investiga, prueba una y otra vez los distintos ingredientes hasta conocerlos bien, sabe cómo combinar las especias y cuál utilizar en cada ocasión… y sólo entonces es capaz de crear platos deliciosos. Tu sexualidad también tiene sus propios ingredientes: sabores, colores, olores y gustos… Debes descubrirla, y explorarla requiere toda tu atención y dedicación porque en ello no interviene sólo el cuerpo, también tus pensamientos y creencias están ahí, y a veces son la causa de problemas.

«Debemos llegar al orgasmo a la vez.» Lo has pensado más de una vez, ¿verdad? Coincidirás entonces con nosotros en que si se está pen-

La sexualidad es una elección que requiere saber manejar las diferencias de gusto, opiniones, ideas, creencias, deseos… nuestros y de la otra persona para compartir un intercambio sexual.

diente de ese aspecto, ya no se está viviendo espontáneamente aquel instante, sintiendo y dejándose llevar… Lo lógico es que cada cual tenga su propio ritmo. Algunas personas que se conocen mucho a sí mismas y a su pareja lo logran, pero sólo si no se tiene como una meta, aunque lo más normal es que en la mayoría de ocasiones no se consiga.

Otra cuestión es lo que vemos en las películas. Muchas veces se nos pasa por la cabeza e incluso intentamos llevar a la práctica aquello que hemos visto en la pantalla. En las *pelis* todo parece perfecto, excepto que no son reales. Tú y tu pareja sí sois reales y únicos, y sabéis que la realidad no siempre es perfecta.

Puedes tener una relación y decirte «no ha ido bien». Puede deberse a que tu pareja necesite más tiempo de caricias y ternura, más preámbulos. O a que se sienta muy presionado/a por querer ser el o la amante perfecto. A pesar de ello, es decir, a pesar «de no haber ido bien», muchas veces se disfruta, porque estás con la otra persona, porque le demuestras que la quieres, porque en ese instante sólo él o ella importan para ti.

Quizá pienses que, en el sexo, lo único importante es el orgasmo,

La seducción, las caricias y el erotismo estimulan el juego amoroso
y facilitan las relaciones erótico-sexuales.

y que alcanzarlo representa la apoteosis final, acompañada de fuegos artificiales y música. A lo mejor lo que esperas o te has imaginado te impide disfrutar lo que tienes. También es posible que pienses: «Vaya, ¿esto es un orgasmo?». Cada persona funciona y siente de forma diferente de las demás. No hay ninguna medida universal para los orgasmos. Lo mejor es conocer cómo es el tuyo y aprender a disfrutarlo.

A veces ocurre que al chico le cuesta tener una erección, lo cual no ha de preocuparte. **La penetración no es la meta** ni en ella está únicamente la satisfacción. Algunos chicos la fuerzan porque creen que si no hay penetración la cosa no es normal. Forzar la penetración cuando no se desea o cuando el cuerpo no está preparado puede producir dolor, sobre todo si se tiene miedo o se está muy nervioso. Ya sabes que existe el juego amoroso: las caricias, el juego erótico y de seducción son altamente estimulantes. Sabes muy bien que la relación sexual facilita un contacto íntimo para compartir ternura y placer a través de nuestra piel. Saber tocarla es básico para después gozar de otros placeres. Disfrutar de la penetración, también, pero cuando sea tu momento.

También ocurre con frecuencia que el chico, quizá por los nervios, o porque le gusta mucho su pareja, porque tiene mucho deseo o por miedo… eyacula pronto, antes de lo que les gustaría a ambos. En este

---

¿Sabías que...?

- En Siberia, a los chukchees se les considera chamanes porque asumen el papel femenino en las relaciones sexuales. El chamán puede, si lo desea, tener una esposa y también hijos.
- En el nordeste de la India, en Nagaland, habitan los konyak. Esta tribu cría a algunos niños para que desempeñen el rol sexual femenino. Después, podrán convertirse en esposas de algunos miembros de la tribu.

A lo largo de nuestras vidas, encontraremos personas bien distintas, con gustos sexuales muy diferentes, lo cual no es en absoluto censurable. Tú decides qué vínculos quieres establecer. Has de saber que hay «tantas sexualidades como mentes individuales». Otra cosa diferente es que hay consensos e ideas que provienen de la cultura y que puedes compartir o no, pero ser o pensar diferente no es rechazable.

caso, si tú eres el chico, dedícate más a tu pareja, potencia los juegos, las caricias y déjate llevar; no sirve de nada sentirte culpable o evitar los preliminares «para así poder llegar», es totalmente contraproducente; ya lo hablaremos con detenimiento más adelante.

Cuando surgen dificultades

Hay muchas cosas que pueden limitar nuestra respuesta sexual: la información de que disponemos, nuestras experiencias de intimidad, nuestra cultura, el aprendizaje familiar... Muchos mensajes de tu infancia han quedado grabados dentro de ti y de muchos de ellos no eres ni siquiera consciente: «eso no se hace», «es pecado», «pensarán que eres fácil», «ojo, que te quedarás embarazada», «la primera vez duele», «tienes que dar la talla», «no puedes decir que no una vez que se empieza»... Estos mensajes ocultos pueden ser la fuente de ideas y mitos erróneos respecto a la sexualidad y pueden provocarte problemas sexuales.

Muchas personas o parejas padecen «disfunciones sexuales». Una disfunción sexual se define como «la dificultad que experimenta una persona para tener una respuesta sexual adecuada» en cualquiera de las fases de la respuesta sexual humana.

Disfunciones sexuales

- **Deseo sexual hipoactivo.** Es la ausencia o disminución del deseo de tener actividad sexual de forma continuada.
- **Aversión sexual.** Asco o repugnancia extrema y continuada hacia las relaciones sexuales, evitando todos o casi todos los contactos sexuales genitales con una pareja sexual.
- **Trastorno orgásmico masculino y femenino.** Es la dificultad o la incapacidad para llegar al orgasmo a pesar de una estimulación adecuada y de una fase de excitación normal.
- **Dispareunia.** Dolor y molestias antes, durante o después de la relación sexual.
- **Vaginismo.** Es la aparición de contracciones involuntarias de los músculos vaginales de la mujer, que dificultan las relaciones coitales.
- **Eyaculación precoz.** Eyaculación inmediata ante una estimulación se-

Las disfunciones sexuales son algo muy común y no hay que alarmarse si padecemos alguna, porque todas tienen una explicación y también una solución. Sólo hay que buscarla.

¡Ocurre más veces de las que pensamos! En alguna de las fases de respuesta sexual, incluso con una buena estimulación erótica, no logras funcionar correctamente. ¿Lo has experimentado? Bien, pues ten paciencia; sigue explorando tu cuerpo y el de tu pareja y tratad de comunicaros sin reservas... Además, si crees que no sabes cómo continuar, siempre puedes recurrir a un profesional del sexo, pero ojo, nos referimos a un **sexólogo.**

En un recuadro te presentamos las disfunciones sexuales más importantes, y en el apartado siguiente explicamos aquéllas sobre las que suele consultarse con más frecuencia en una clínica especializada.

Hablando de las disfunciones sexuales

Existen disfunciones sexuales en cualquiera de las tres fases de la respuesta sexual humana. Veámoslas una a una.

• **Trastornos del deseo.** Como recordarás, el deseo es la primera

xual mínima y antes de que se desee. Hay que tener en cuenta la edad, las situaciones nuevas y la frecuencia de la actividad sexual.

• *Trastorno de excitación sexual en la mujer.* Incapacidad total o parcial de la respuesta de lubricación (humedad) vaginal o ausencia subjetiva de no sentirse excitada ni sentir placer durante la actividad sexual.

• *Trastorno de excitación sexual en el hombre.* Incapacidad total o parcial y continuada para la erección hasta el final de la actividad sexual, o ausencia de la sensación subjetiva de excitación o placer durante la misma.

• *Eyaculación retrógrada.* No se ve la eyaculación, porque en vez de salir por la uretra se va hacia la vejiga de la orina. Puede aparecer en algunas enfermedades de la próstata, en enfermedades neurológicas donde se afecta la columna vertebral y también a causa del consumo de algunos fármacos para tratar enfermedades mentales y por algunas drogas.

• *Eyaculación retardada o aneyaculación.* No se produce eyaculación. Puede deberse a una interacción de factores orgánicos y psicológicos.

fase de la respuesta sexual humana. Los trastornos del deseo en hombres y mujeres son: la *fobia sexual* o *aversión sexual* y el *bajo deseo sexual.*

- **Trastornos de la fase de excitación.** En las mujeres se da la *inapetencia sexual* y en los hombres la *disfunción eréctil* (también conocida como *impotencia* o *falta de erección*).
- **Trastornos de la fase del orgasmo.** En las mujeres encontramos la *anorgasmia* y la *dispareunia* (orgasmo con dolor). En el hombre, además de estos dos, también encontramos la *eyaculación precoz* y la *eyaculación retardada.*

En algunas ocasiones, aunque todas las fases de la respuesta sexual funcionen bien, la persona no obtiene el grado de satisfacción que le correspondería. Y, por el contrario, también ocurre que algunas personas, aun teniendo una disfunción sexual clara y evidente, alcanzan un alto grado de satisfacción sexual, motivado normalmente por una excelente relación de pareja; esto se da sobre todo al principio de la relación, pero cuando ésta se consolida la disfunción sexual puede afectar negativamente a la relación de pareja.

Ante las dificultades podemos cuestionarnos qué sentimos, qué miedos tenemos, qué ideas sobre la sexualidad nos han llegado. Con-

---

Mitos y errores frecuentes

Las falsas ideas crean miedos por el desconocimiento. He aquí algunas de ellas, con las que seguramente no estarás de acuerdo.

- *El sexo ha de ser espontáneo, no se aprende, todo es más fácil si te dejas llevar.* La espontaneidad en el sexo es algo positivo, aporta frescura a la relación, pero no nos neguemos a aprender, pues todo es mejorable.
- *El hombre siempre ha de tomar la iniciativa.* Todavía se tiene la idea de que el hombre es quien debe tomar siempre la iniciativa. En ocasiones, el chico se siente presionado o cansado de ser él el que lleve la voz cantante, y de que la chica adopte una actitud pasiva, de espera, sin decir nada, aunque tenga tantas ganas de tener relaciones como él, ganas incluso de decirle que le gusta. Hombres y mujeres deben ser

viene que contrastemos nuestras opiniones con otras personas y con libros especializados.

Las personas no sienten ni piensan igual. La sexualidad se aprende y no todas las experiencias son iguales. Además, ya sabes que en función de dónde se viva, los **mensajes culturales** que se reciben son diferentes. Hay muchas maneras de pensar y funcionar; la reflexión nos ayuda a ser más flexibles y más abiertos, a respetar cómo es cada uno.

A estas alturas, sabes de sobras que el sexo es una habilidad que necesita aprenderse y que requiere conocimiento. Si estás poco relajado/a, te sientes preocupado/a, con miedo a no saber qué hacer, tenso/a por la idea de «no quedar bien», tienes vergüenza a expresar lo que sientes o intentas forzar las situaciones, ¡es posible que las cosas no salgan!

No tenemos un día igual a otro, y en el sexo ocurre lo mismo. Si tu estado de ánimo está bajo o estás cansado/a no respondes igual. Es importante que se lo expliques a tu pareja, que os apoyéis mutuamente y ninguno se sienta presionado. Establecer acuerdos mutuos y respetar los gustos individuales sin forzar lo que no se desea forma parte de dicho aprendizaje.

Decíamos al principio del capítulo que en la sexualidad «no todo son fuegos artificiales»; a veces las cosas no nos salen como deseamos. Si en lugar de comprenderlo y aceptarlo, intentas forzarlo todo o creer

---

capaces de expresar con total libertad sus deseos y sus sentimientos, dejando a un lado los prejuicios sociales.

- ***Las mujeres no necesitan tanto sexo como los hombres.*** Se dice que «los hombres siempre están dispuestos y las mujeres no». Pero el deseo sexual depende de factores como el cansancio, el estrés, el tipo de relación, el tiempo de relación... Hombres y mujeres somos personas sexuales y tenemos deseo sexual.

- ***Hay que alcanzar el orgasmo a la vez.*** Éste es otro mito erróneo muy frecuente. Parece que «no es lo mismo» si las dos personas no llegan al orgasmo de manera simultánea. Y lo cierto es que resulta muy difícil que esto ocurra, ya que los ritmos del hombre y de la mujer son distintos. Lo importante en una relación sexual no es que se tengan orgasmos simultáneos, sino que los dos se lo pasen bien y sean felices.

que tienes un problema, probablemente te obsesiones y te resulte más difícil disfrutar tu sexualidad. Te proponemos un experimento:

1. Sube un par de tramos de una escalera una vez.
2. Intenta controlar al máximo cómo subes las escaleras prestando atención a tus pies y a los movimientos que realizas.
3. Cuando llegues arriba, pregúntate: «¿Qué he sentido?».

Cuando andas por la calle, ¿controlas tus pasos? ¿Andar es un movimiento automático o controlado? Andar es una acción automática y cuando hacemos de algo automático algo controlado entorpecemos su funcionamiento.

Con la sexualidad ocurre lo mismo. Cuanto más piensas o controlas mientras estás teniendo una actividad sexual, peor te sale. Este concepto es importante para entender mejor las disfunciones sexuales que exponemos a continuación.

«Nunca tengo ganas.» Hablamos de falta de deseo

La falta de deseo sexual es una de las disfunciones más comunes. Seguro que has oído en muchas ocasiones: «nunca tengo ganas», «no me apetece», «no necesito el sexo», «yo puedo pasar sin el sexo».

Estas frases reflejan la falta de interés por la actividad sexual, que puede significar falta de interés por las relaciones sexuales en pareja o falta de interés por la masturbación, asociándose habitualmente a una carencia de fantasías.

La falta de deseo será un problema sólo si para ti lo es. En ocasiones, estamos temporadas menos activos/as sexualmente, y eso no significa que tengamos un problema; sencillamente, se puede deber a que, por ejemplo, estemos muy ocupados/as en otras cosas. También puede ser que nuestra pareja tenga muchas ganas de sexo, y nosotros/as, en comparación, pensemos que nunca tenemos ganas; y no es así, lo que ocurre es que tu pareja no te da tiempo a tener deseo.

Muchas personas se preocupan por su **frecuencia sexual,** pero has de

La falta de deseo no es un problema en sí mismo.
La frecuencia sexual puede ser muy variable.

saber que ésta es muy variable. Lo importante es que tu frecuencia de actividad sexual sea la que tú quieras y decidas. El problema surge cuando tu pareja tiene una frecuencia sexual muy diferente a la tuya; entonces, debéis buscar soluciones. Lo que no funciona es hacer algo que no se desea para complacer al otro/a; si eso ocurre, se acaba teniendo cada vez menos deseo y evitando cualquier actividad sexual.

En otras ocasiones, en la falta de deseo sexual influyen otros factores: la ansiedad, el estrés, los trastornos psiquiátricos, algunos medicamentos, la tensión emocional, los problemas de pareja, los períodos de cambios, las influencias educativas, las experiencias personales...

Cuando algo nos afecta muy directamente, es normal que otros aspectos de la vida se resientan o se ralenticen, por ejemplo, el deseo de tener un contacto sexual. Una vez que todo se normalice, las cosas volverán a su curso, el cuerpo estará más relajado y la mente más concentrada en vivir el momento sin distraerse. ¡Ya lo verás!

Algunas personas te dirán que siempre han tenido poco apetito sexual. En este caso, es poco probable que se deba a un problema físico como una alteración hormonal; lo más común es que esta persona no considere al sexo algo importante. O bien que la educación recibida le haya influido de forma negativa.

Otras te dirán que no les apetece tener relaciones sexuales con su pareja, pero sí tienen deseo sexual por otra u otras personas. Entonces es evidente que no se trata de un problema de deseo sexual sino de la persona a quien va dirigido.

La falta de deseo es más frecuente en las mujeres, aunque cada vez hay más hombres que consultan a un especialista acerca de este problema.

Es muy importante tener de referencia a personas profesionales (profesor, médico, enfermera, sexólogo...) o a alguien en quien confiar o con quien te sientas cómodo/a para expresar los miedos o buscar la información que te falta. ¡Pero sin olvidar los libros!

Con cada persona las vivencias cambian. ¡No hay que comparar! Pero sí explorar para descubrir cosas sobre uno mismo y los demás.

¿Qué puedes hacer?

Quizá podrías pensar cada día un poco en el sexo. Es difícil que te entren ganas si no piensas en él. Una fantasía, un recuerdo, un olor, una imagen, el primer beso... Y, además, procura buscar un rato de intimidad para ti o para ti y tu pareja.

«¡No puedo, no soporto que me toquen!» Hablamos de aversión sexual

¿Alguna vez has oído frases como: «¡qué asco!», «¡me repugna!», «¡no soporto que me toquen!», «¡no puedo dejar que me toquen!»? Sin duda, quien las pronuncia evita todo lo que hace referencia a lo sexual.

> El **tener pocas ganas** de practicar sexo durante una temporada no significa que tengas un problema. Quizá aún no has encontrado la persona con la que te sientas a gusto para compartir emociones y experiencias.
>
> Si no te afecta es porque no representa un problema para ti. Seguro que haces muchas cosas que te motivan y te llenan y la sexualidad es una más que puede llegar si estás receptivo/a a ella. Eso sí, si se da el caso, haz las cosas a tu ritmo y conforme a tus deseos, sin correr, porque lo que importa es saber detenerse y disfrutar de ello.

En algunas ocasiones, este rechazo va dirigido a algunos aspectos específicos del sexo, por ejemplo, a los genitales de la pareja, las secreciones, los olores, la penetración… Puede incluso disfrutarse de la sexualidad siempre y cuando se evite esa parte concreta. Hablamos de una fobia específica.

Cuando evitamos cualquier signo de aproximación sexual, existe en nosotros una fobia generalizada. Este problema provoca ansiedad porque probablemente genere conflictos con la pareja.

¿Qué puedes hacer?

¡No te calles las cosas y busca soluciones! Sentirte un bicho raro y tener miedo a expresar lo que te sucede sólo te creará problemas de autoestima.

La sexualidad –como ya sabes muy bien– es comunicación, afecto, amor, exploración y una forma importante de expresión.

Cualquier problema sexual tiene solución, por muy imposible o grave que te parezca.

Reflexionar sobre el problema y buscar posibles causas te puede ayudar a solucionarlo. Algo que te explicaron o algo que te sucedió, a lo mejor forzaste una relación que no te gustó y no supiste decir «no», «para», «no quiero hacerlo», «no me gusta»…

Si el problema persiste, es importante que lo consultes con un profesional adecuado, pues cuanto más tiempo arrastres el problema, más difícil será solucionarlo.

«Creo que nunca he tenido un orgasmo.» Hablamos de anorgasmia

La anorgasmia es más frecuente en las mujeres que en los hombres. Te excitas bien, pero sientes que no llegas al orgasmo. Te asaltan las dudas y las incertidumbres: «¿será siempre igual?», «nunca llego», «nunca acabo», «soy incapaz», «¿tengo un defecto?», «¿es para angustiarme?».

El orgasmo constituye una vivencia muy agradable, es cierto, pero también es la culminación de muchas más cosas. ¡Ya te recomendamos que no creyeras todo lo que ves en las películas! Las vivencias son distintas en cada persona, con cada pareja y casi en cada momento...

En ocasiones, se espera demasiado de un orgasmo. ¿A lo mejor esperabas otra cosa? ¿Has sentido algunas contracciones vaginales después de una tensión sexual? ¿Te ha dado la sensación de tener un pico de placer que se desvanece? Puede que eso que has sentido sea un orgasmo y tú no lo sabías.

En los chicos es menos frecuente, pero también consultan al especialista al respecto: «me excito y eyaculo, pero no siento placer», o «con el orgasmo no siento el placer que debería».

Esta situación puede estar asociada con un problema de eyaculación precoz. Muchas veces, cuando intentas retrasar la eyaculación, utilizas una manera de distracción que disminuye la sensación orgásmica; en otras ocasiones, lo que sucede es que estás demasiado pendiente de tener un orgasmo y te olvidas de sentir.

Cuando nunca se ha experimentado un orgasmo hablamos de anorgasmia *primaria,* y de anorgasmia *secundaria* cuando dejas de experimentarlos después de tenerlos de forma habitual. También puede ocurrir que tengas orgasmos cuando te masturbas y no los tengas cuando estés con otra persona; en este caso, el trastorno es *selectivo* o *situacional* y, tal como te imaginas, es que existe algún problema en tu relación con la otra persona (bien sea tu pareja habitual o una relación puntual).

Es frecuente que las mujeres experimenten orgasmos cuando su pareja les estimula el clítoris, pero no durante la penetración vaginal. Esto no constituye un problema, pues la actividad sexual no se puede reducir a un coito. Los juegos eróticos, la masturbación, la penetración... son prácticas que pueden estar presentes juntas y hacerte pasar un rato placentero, y es la suma de todas ellas lo que en un momento determinado puede generar un orgasmo.

En la anorgasmia pueden intervenir muchos factores distintos: la **falta de conocimiento del cuerpo** y del funcionamiento de la respuesta sexual, algunos medicamentos o drogas, los problemas de relación de pareja, una depresión, la eyaculación precoz de la pareja, la falta de preámbulos o el escaso juego erótico...

Raras veces se debe a enfermedades como la diabetes de larga evolución o al alcoholismo.

¿Qué puedes hacer?

Lo más importante es que conozcas tu cuerpo, que sepas qué estímulos despiertan tu deseo sexual y cómo funciona tu respuesta sexual.

El autoconocimiento es básico, y la masturbación te enseña a conocer tu respuesta sexual. Alfred Kinsey, uno de los investigadores más importantes sobre la sexualidad, demostró en sus estudios la importancia de la masturbación para conocer el propio cuerpo.

El autoconocimiento nos enseña lo que nos estimula y lo que no, y facilita la comunicación sexual si tienes pareja.

Los chicos parecen tenerlo más fácil, entre otras cosas, porque los genitales masculinos se ven a simple vista; las chicas, por el contrario, los tienen escondidos, pero ello no es excusa para no conocerse.

¿Se te ha ocurrido mirarte tus genitales en un espejito? ¿Sabes dónde está tu clítoris y cómo es tu vulva? Los genitales son tuyos, forman parte de tu cuerpo igual que tu cara o tus brazos, ¡es muy importante que los conozcas y los cuides!

Si tienes una pareja sexual, recuerda dedicarle tiempo a las caricias, pues tocar el cuerpo ayuda a descubrir sensaciones, a disfrutar, y tu pareja aprende cómo te gusta que te toquen. Muchos de los problemas sexuales se relacionan con la falta de caricias, de juego erótico previo, de preliminares... Y si practicas el coito, recuerda que muchas mujeres

---

¿Sabías que...?

- El clítoris sirve exclusivamente para proporcionar placer sexual a la mujer. Su estimulación adecuada es fundamental para llegar al orgasmo.
- No en todas las relaciones sexuales se llega al orgasmo y ello es perfectamente normal.
- Según diferentes estudios, el 35 % de las mujeres tienen algún orgasmo con la penetración, pero sólo el 15 % tienen orgasmos en todas las penetraciones.

para llegar al orgasmo necesitan la estimulación del clítoris, bien sea directamente o mediante determinadas posturas que lo estimulen de forma indirecta. Si tú eres una de ellas, díselo a tu pareja. ¡No te dejes vencer por la vergüenza y exprésalo!

En resumen, lo que facilita el orgasmo es:

- no obsesionarse con el mismo;
- tener un buen conocimiento del propio cuerpo y de cómo funciona la sexualidad humana;
- la exploración mutua y compartida, el diálogo, la confianza, los pactos y el respeto a los gustos individuales.

«No puedo hacerlo con mi pareja, tengo como una pared en la entrada de la vagina.» Hablamos de vaginismo

El vaginismo es una contracción involuntaria de los músculos del tercio externo de la vagina, que cierra la entrada vaginal impidiendo la penetración coital.

A quien padece vaginismo le es imposible practicar el coito. Las mujeres que tienen este problema están convencidas de que presentan una alteración vaginal, como si tuvieran una pared o un tabique en la entrada. Pero tras una exploración, se comprueba que no tienen ningún problema en la vagina.

Estas mujeres, normalmente, tampoco pueden introducirse un dedo en su vagina, ni un tampón ni hacerse una exploración ginecológica. Desean tener un coito, «ya que ello las convierte en normales», pero cuando lo intentan les invade una sensación de miedo y peligro ante la idea de una penetración.

Este problema produce mucha ansiedad a quien lo padece y es más frecuente de lo que te imaginas; seguramente, alguna de tus amigas lo tiene y tú no lo sabes porque sigue dando mucha vergüenza explicarlo.

Estas personas suelen tener una buena relación de pareja y ser buenas amantes, disfrutan del sexo y hacen que sus parejas también disfruten, pero... no pueden tener relaciones coitales.

¿Cuál es el motivo? Muchos son los factores que pueden influir: el miedo al embarazo, querer conservar la virginidad, miedo a defraudar a los padres, mensajes alarmistas relacionados con el dolor de la primera vez, la represión sexual y, en ocasiones, que ningún miembro de la pareja haya tenido una experiencia sexual previa, ni conocimientos, sino que vayan aprendiendo sobre la marcha, teniendo ambos el mismo grado de inseguridad sexual.

¿Qué puedes hacer?

La autoexploración es muy importante, conocer tus genitales y tocarlos. Al principio, quizá te cueste un poco, pero si insistes y practicas te resultará más fácil. Primero prueba a introducir un dedo en la vagina, luego puedes intentar ponerte un tampón. Si no lo consigues y te produce mucha ansiedad cuando lo intentas, entonces consulta con un especialista porque, aunque te parezca imposible, tu problema tiene solución y, de hecho, es uno de los que se solucionan más rápidamente.

También es muy importante tener información acerca del cuerpo masculino y del femenino para identificar los múltiples mitos que refuerzan el problema: el tamaño del pene, el aspecto del himen, el dolor... Pero ya sabes que sólo son mitos.

«No consigo una buena erección. Y cuando parece que sí, de repente se me baja.» Hablamos de disfunción eréctil

¡Habría que ver las cosas que pasan por tu cabeza cuando te sucede esto! «No puedo«, «no funciono», «no se me levanta», «estoy fracasan-

---

Recuerda que...

- Es muy probable que alguna vez tengas **problemas de erección,** ya que cualquier distracción, pensamiento, cansancio o preocupación pueden provocarla.
- El alcohol, el tabaco y las drogas pueden provocar una **disfunción eréctil.** Evítalos y podrás disfrutar de una mayor plenitud sexual, tú y tu pareja.

do»... Vaya, con todo esto dando vueltas por la mente, ¿quién se concentraría?

Quizás aún no te has dado cuenta de que tus emociones, sentimientos, miedos... están afectando a tu respuesta sexual. Además, está aquello de: «Esto no le pasa a nadie, al menos a nadie de mi edad. Tampoco se lo puedo explicar a nadie, menuda vergüenza...». La vergüenza sólo hace que te «preocupes» y no te «ocupes» de ti. Estaría bien que pensaras en la diferencia.

Es cierto que algunas enfermedades pueden causar una disfunción eréctil, por ejemplo, la diabetes, una lesión de la médula espinal por un accidente, la arteriosclerosis, los fármacos antidepresivos o antihipertensivos y, por supuesto, el abuso del alcohol, el tabaco y las drogas...

Pero en la mayoría de las ocasiones, sobre todo en personas de tu edad, si no existen problemas de drogas, que en algún momento experimentes una ausencia de erección total o parcial se asocia a otros motivos, muchas veces relacionados con la preocupación excesiva por quedar bien con la otra persona, con el miedo a «fallar» y, en definitiva, con sentirte inseguro y querer controlar la actividad sexual en demasía.

La disfunción eréctil es *primaria* cuando nunca has experimentado una erección (**son muy importantes los factores psicológicos** como

El consumo de alcohol, tabaco y drogas dificulta las relaciones erótico-sexuales. Evitarlo es fácil.

la culpa, la ansiedad, la depresión, etc.), o *secundaria* cuando el problema aparece después de haber tenido una actividad sexual normal. También puede ser *total* o *general,* cuando no hay erección en ninguna circunstancia (ni con una pareja, ni con la masturbación), o *parcial,* cuando ocurre de forma intermitente o selectiva, es decir, que hay erección cuando te masturbas, pero no cuando estás con alguien.

La mayor parte de las veces, los problemas de erección en personas jóvenes son debidos a una preocupación excesiva en «quedar bien o cumplir». Esto os hace estar demasiado pendientes de vuestro pene, y propicia la aparición de dudas y preguntas constantes que provocan síntomas de ansiedad: «¿funcionaré?», «¿volverá a ocurrirme?».

Si lo que más te preocupa es conseguir una erección y te centras sólo en eso, te agobiarás, no conseguirás mantenerla ni lograrás realmente disfrutar. Es como entrar en un círculo vicioso, y cada vez que inicies una relación tendrás más **miedo al fracaso,** de modo que es posible que incluso evites relacionarte con las personas que te gustan.

Si quieres, podemos comprobarlo de una manera muy sencilla. Haz esta prueba: un día que estés muy alterado y no puedas dormir, mira constantemente el reloj, comprobarás que te altera más. Cuanto más pienses en que «no puedo dormir», menos dormirás. Con el sexo sucede lo mismo, **si paras de pensar y disfrutas dejarás de bloquearte.** Sabes que son muchos los elementos que pueden estar afectándote, pero seguro que también tienes tu propia fórmula para desconectar de ellos.

¿Qué puedes hacer?

¡No pasa nada! Si te gusta la persona con la que estás y te centras en seguir sintiendo y compartiendo sensaciones agradables, el pene, al tener los estímulos adecuados, volverá a entrar en erección. Y si esto no ocurre, quizá no sea tu día, pero no por ello has de dejar de acariciar o expresar aquello que deseas y sientes.

La regla de «todo o nada» no te permite experimentar el punto medio. Puedes continuar hasta que lo desees y otro día, en otro momento, verás que funciona mejor.

Es muy importante que expreses tus miedos, dudas o inquietudes a tu pareja; seguro que los comprende mejor de lo que te imaginas y, además, así facilitarás que te explique los suyos. Y si a pesar de todo sigues con el problema, no lo dudes, consulta a un especialista.

«Es que no aguanto, me excito demasiado.» Hablamos de eyaculación precoz

Seguro que alguna vez has oído frases como éstas: «no aguanto», «me excito demasiado y acabo rápido», «no me puedo controlar», «¿por qué no puedo parar?», «¿es normal que se escape?», «es que ella me pone muchísimo»...

La eyaculación precoz es un trastorno que afecta cada vez más a la población masculina.

La Asociación Americana de Psiquiatría la define como: «la eyaculación que se presenta antes de que la persona lo desee». Como ves, en esta definición no se menciona cuánto tiempo tiene que durar.

Los factores que pueden influir en este problema son: la edad, si se tiene pareja estable o no, la frecuencia de relaciones... También influye si no tienes experiencia, si es tu primera vez, si deseas quedar bien, si la chica te gusta mucho o estás nervioso... Pero esto no significa que vayas a tener el mismo problema siempre, ni que seas un eyaculador precoz. A muchos chicos jóvenes sin experiencia les sucede, sólo que no lo dicen. A medida que aprendes, confías, expresas,

---

Recuerda que...

- Si uno alimenta la idea de «no podré» o «voy a fracasar», tiene muchas probabilidades de que la mente le juegue una mala pasada.
- Es bastante habitual que ocurra de manera ocasional; ello no ha de preocuparte. Puede influir el día que hayas tenido, y también es muy frecuente tener una eyaculación rápida al inicio de las relaciones en pareja o con parejas nuevas.
- Si el problema persiste a lo largo del tiempo piensa en acudir a un especialista. Existen numerosas técnicas terapéuticas muy eficaces.

exploras, conoces y vas teniendo más relaciones te va saliendo mejor.

Hablamos de eyaculación precoz cuando casi siempre y casi en todas las ocasiones eyaculas antes de que tú lo desees.

Si te sucede mientras estás con una pareja no significa que tengas que parar ahí, puedes seguir jugando y los dos conseguiréis disfrutar. Ya sabes que la penetración no es lo único ni lo más importante en una relación sexual.

Quizá intentes algunos «trucos» para controlar tus eyaculaciones, por ejemplo: pensar en otras cosas mientras tienes la relación, colocar varios preservativos para evitar la sensibilidad del glande, masturbarte antes de la relación, consumir alcohol, etc. Todo esto no sólo no te ayuda, sino que hace que el problema persista y que aumente con ello tu ansiedad.

¿Qué puedes hacer?

Ya conoces la «regla de oro»: dialoga y comunícate con tu pareja. Intenta tener relaciones sexuales en lugares adecuados y con tiempo por delante. La tranquilidad te hará sentir menos ansiedad y estar más pendiente de tus propias sensaciones físicas.

Si sabes concentrarte en ti todo será más fácil. Si no lo consigues, reflexiona acerca de qué te lo impide y háblalo con tu pareja.

Aprende a tocarte con ritmos lentos, sin buscar una eyaculación rápida o compulsiva.

Saber más...

- **La sexualidad no tiene un esquema que seguir.** Si eyaculas pero continúas, es posible que vuelvas a tener otra erección y sigas así compartiendo por más tiempo la actividad sexual. Por regla general, las chicas necesitan más preámbulo (tocamientos, caricias, besos… juego) para igualar el ritmo en la relación sexual. Pero cada vez más los chicos disfrutan por igual de los preámbulos y juegos sexuales.
- **Obtener una erección no es sinónimo de penetrar y alcanzar un orgasmo.** Sigue jugando sin obligaciones o con el consenso de tu pareja sexual.

«Es que no acabo nunca.» Hablamos de eyaculación retardada

¿Reconoces estos pensamientos?: «¿por qué tardo tanto?», «no puedo acabar», «no eyaculo», «es que no puedo...».

Quizás alguna vez, en el transcurso de una actividad sexual en la que parece que todo va bien, te hayas encontrado con que no se produce la eyaculación o tarda mucho en producirse.

En realidad, lo que ocurre es que estás demasiado pendiente y controlando tu respuesta eyaculatoria. El estar «hipervigilante» o demasiado pendiente no facilita el dejarse ir.

La eyaculación retardada, e incluso la falta puntual de eyaculación, suele deberse a causas de carácter psicológico.

¿Qué puedes hacer?

Aprende a concentrarte en ti mismo, a sentir tus sensaciones físicas para relajarte y disfrutar en la presencia de tu pareja.

Para tener una buena sexualidad hay que estar por uno mismo. ¿Es egoísmo? No, en absoluto. Nos referimos a **saber vivir el momento** y disfrutar con las caricias de la otra persona. Evidentemente, la otra persona también disfruta viendo que tú disfrutas.

Haz una prueba: cuando estés con tu pareja, pídele que te acaricie, pero tú no hagas nada, tú no puedes acariciar, sólo recibir sus caricias. ¿Te ha costado relajarte? Si has podido disfrutar sin alterarte, ¡enhorabuena! Sabes concentrarte en ti, sabes desconectar y dejarte llevar.

Una buena sexualidad significa dejarte llevar porque confías en tu pareja. La sexualidad es un intercambio y sólo funciona cuando ambos sabéis disfrutar de la relación sexual.

Si aun así no se resuelve el problema y te preocupa, consulta con un especialista en sexología.

Por otro lado, también es posible disfrutar de la relación sexual y no haber eyaculación porque el semen no sale por la uretra. Hablamos entonces de **eyaculación retrógrada**.

La eyaculación retrógrada la manifiestan algunas personas que han tenido lesiones medulares o han sido operadas de próstata. Descargan el semen en el interior de la vejiga en lugar de en la uretra. La erección y el orgasmo se producen igual, lo único que cambia es que el semen no sale. Se comprueba porque en la orina hay restos de semen.

A modo de resumen

Las disfunciones sexuales pueden deberse a causas psicológicas, físicas e incluso mixtas, es decir, a una mezcla de ambas. Aquí, incluimos también la ingestión de fármacos y drogas.

Además de las causas son muy importantes los factores que intervienen en ellas; algunos las predisponen, otros precipitan su aparición y otros las mantienen:

- Entre los **factores que predisponen las disfunciones sexuales** destacan la educación restrictiva o inadecuada, las experiencias sexuales traumáticas, la mala relación entre los padres, los problemas en el rol psicosexual (se da sobre todo en los primeros años de vida)...
- Los **factores que precipitan** el problema son la depresión o la ansiedad, así como la aparición de un problema en la relación de pareja, como la infidelidad, los celos u otros.

Saber más...

- La sexualidad es una fuente de riqueza desde que nacemos hasta que morimos, además de una fuente de salud, placer y afecto. *Sexualidad no significa «genitalidad».*
- A medida que crecemos y maduramos, los comportamientos sexuales van adaptándose a circunstancias diversas y variadas, y se hace patente que la sexualidad no tiene una mera función biológica, sino que es un espacio donde se combinan el afecto, el amor, la intimidad, la sensibilidad, la sensualidad, la creatividad… Es importante recibir una adecuada **educación sexual.**

• Y los **factores que mantienen** el problema son el miedo a la intimidad, la ansiedad, el miedo al fracaso, la falta de información sexual, la culpa...

Parafilias sexuales

A veces, la gratificación sexual no se obtiene en el intercambio con la pareja sexual, sino que se produce a través de fantasías o acciones relacionadas con objetos, personas que no consienten, personas que no deciden, como niños, o acciones que comportan el sufrimiento o la humillación de uno mismo o de otro.

Es decir, la excitación sólo se consigue mediante estímulos que no se consideran «normales». Son las parafilias.

También hay que valorar si se trata de un delito (relaciones sexuales con un menor) o es algo que sucede entre personas adultas que lo deciden de mutuo acuerdo.

Hablar de «normalidad» a veces resulta difícil, pues en ocasiones los límites son difusos. De algunas conductas parafílicas sabemos poco porque, quizá por vergüenza o por salvaguardar su intimidad, las personas no lo explican. Cuando consultan con un experto suele ser presionadas por la pareja o porque tienen problemas legales.

He aquí algunas conductas parafílicas:

- quedarse con un objeto o «fetiche», por ejemplo, la ropa interior de otra persona, para fantasear y masturbarse con dicho objeto;
- necesitar mirar a otros para excitarse (lo que hace un *voyeur);*
- necesitar exhibirse públicamente y ser mirado;
- utilizar la dominación o sumisión para humillar o ser humillado;
- enseñar los genitales a un extraño;
- frotarse contra una persona que no consiente;
- utilizar animales para obtener placer sexual, etc.

Las causas atribuibles a estas conductas son:

– un trastorno de personalidad;
– la falta de habilidades para el trato social con otras personas;
– alteraciones biológicas: hormonales o localizadas en el lóbulo temporal del cerebro; si bien estas hipótesis no están confirmadas.

Las personas que padecen alguna parafilia lo viven mal, sobre todo cuando es la única manera que tienen de conseguir excitación sexual. Se aíslan, se sienten diferentes y, a veces, viven la sexualidad desde la culpa y el miedo.

Sin duda, necesitan tratamiento y deben plantearse acudir a una terapia sexual.

Hablemos claro: ¿cómo podemos mejorar nuestra sexualidad?

Lo que ayuda mucho a resolver los problemas sexuales es tener una información y educación sexual adecuadas.

Las creencias o mitos erróneos, la ansiedad, el miedo, la culpa, el desconocimiento del propio cuerpo y del otro y el estar demasiado pendiente del funcionamiento de la respuesta sexual, ideas como «a más edad, menos disfrute sexual», «sin orgasmos ni eyaculación la sexualidad no existe», «la sexualidad es coito», etc., son elementos que facilitan la aparición de disfunciones sexuales.

Hay que dejar de lado las ideas preconcebidas sobre el sexo y vivir el presente desde el mutuo acuerdo, hablando de ello. Y, por supuesto, dejar también de evaluarse constantemente a uno mismo o al otro respecto a la actividad sexual.

El sexo válido es aquel que es disfrutado por los dos. La obligación de tener actividad sexual, tanto si es incitada por la pareja como forzada por uno mismo, no se considera una relación sana.

A continuación, te proponemos una serie de pautas para sacar el mayor provecho a tu sexualidad.

- Busca un lugar relajado y seguro para llevar a cabo la actividad sexual, las prisas no son aconsejables.
- Utiliza métodos anticonceptivos para prevenir las enfermedades de transmisión sexual, sólo así estarás completamente seguro/a y podrás concentrarte en tu disfrute.
- Date la posibilidad de conocer al otro y de que te conozca poco a poco, desde la piel.
- Si hay desacuerdo en las prácticas sexuales que quieres realizar con tu pareja, piensa siempre en el respeto y la consideración mutuos.
- Ten la confianza de hablar de tus propios deseos.
- Detente en las caricias, las sensaciones, el contacto. Disfruta del juego.
- Utiliza las fantasías que enseñan y dinamizan la sexualidad.
- Deja de lado las preocupaciones y considera la intimidad un espacio necesario para obtener una mayor calidad de vida.
- El ejercicio regular o dormir una media de 8 horas diarias contribuyen a un mejor funcionamiento orgánico.
- La sequedad vaginal puede compensarse con el uso de lubricantes y mejorar las respuestas habituales.
- «La función hace al órgano.» Parece ser que la frecuencia del uso de los genitales mejora su funcionamiento físico.
- La relación sexual, además de un derecho, es un sentimiento de autovaloración, de sentirse querido, amar al otro, compartir y estar próximo a otra persona.

Sexo y drogas

Las drogas modifican la conducta de las personas: el estado de ánimo, la percepción de las situaciones y de las cosas, el juicio o el propio funcionamiento del cuerpo... En un primer momento te hacen sentir bien, por ello son tan atractivas. Pero las drogas producen tolerancia, y esto significa que cuanto más las consumes más dosis necesitas para obtener los mismos efectos. Es lo que se conoce como efecto de tolerancia. Esa atracción y esa tolerancia facilitan un uso continuado de las drogas que se acaba convirtiendo en una dependencia o adicción.

De manera muy general, las clasificamos en tres tipos:

- **Drogas depresoras del sistema nervioso.** Adormecen el cerebro, hacen que funcione más lentamente y que le cueste más pensar. En este grupo encontramos el alcohol, los opiáceos como la heroína y la metadona, los tranquilizantes y los hipnóticos.
- **Drogas estimulantes del sistema nervioso.** Aceleran el funcionamiento del cerebro. Los consumidores se sienten más activos. Provocan insomnio o hiperactividad. Aquí se incluyen las anfetaminas, la cafeína, la cocaína o la nicotina.
- **Drogas alucinógenas.** Alteran el sistema nervioso central, produciendo distorsiones perceptivas y alucinaciones acústicas o visuales. Pertenecen a este grupo el LSD (ácido lisérgico), la mescalina, algunos hongos, derivados del cánnabis como el hachís, la marihuana o la resina y las drogas sintéticas y sus derivados (las pastillas).

Algunas personas recurren a las drogas porque creen que facilitan las habilidades de relación con los demás. Hay que saber divertirse sin tener que recurrir a las drogas. Sus efectos son progresivos y nunca te das cuenta de que estás «enganchado», tienes la sensación de que controlas porque ilusamente crees que sólo consumes cuando quieres, los fines de semana, por ejemplo... Pero te engañas, porque cada fin de semana necesitas consumir. La presión del grupo de amigos puede ser muy importante, pero tú sabes que quien acaba teniendo el problema es uno mismo y su familia. Si tienes ese problema, es mejor cambiar de amigos y de entorno.

Si además estás deprimido, las drogas acentuarán el problema y harán que te engañes a ti mismo al proporcionarte una sensación de «falso paraíso». No te fíes si a otros parece sentarles bien, ya que las drogas actúan de modo diferente en cada persona; sólo coinciden en que siempre, a corto, medio o largo plazo, daña a todos. A ello hay que añadir que muchas veces se comercializan drogas muy adulteradas, lo que conlleva unos efectos aún más perjudiciales de lo que puedas imaginarte.

Y si hablamos de sexo, las drogas y el sexo son una combinación nefasta. Muchos de los problemas sexuales de los jóvenes, por ejemplo los problemas de erección, de eyaculación precoz, de falta de orgasmo o de excitación sexual, se derivan de las drogas.

Siguen los mitos que relacionan drogas y placer sexual

No es un mito sino algo contrastado: las drogas interfieren negativamente en la respuesta sexual y psicológica de cualquier persona.

El **alcohol,** tan tolerado socialmente, se confunde con un estimulante o excitante sexual, pero en realidad produce efectos negativos sobre las señales fisiológicas de excitación sexual. En concreto, en las mujeres dificulta la respuesta orgásmica y en el hombre dificulta la erección y, con ello, la penetración y el coito. Si uno tiene una mala experiencia, el alcohol puede generarnos una sensación de malestar o de fracaso que nos haga preocuparnos por nuestro funcionamiento sexual después de tal experiencia. Además, si bebes de forma continuada puedes padecer trastornos endocrinos y vasculares que reducirán aún más tu respuesta sexual.

La **marihuana** también es un depresor. Muchas personas creen que su efecto relajante ayuda a combatir la ansiedad cuando se mantiene una relación sexual. Es más sugestión que realidad, aunque sí es cierto que tiene un efecto inhibidor. A corto plazo puede provocar un desinterés por lo sexual. En algunas mujeres disminuye la lubricación vaginal, lo cual produce más dolor en caso de penetración. A largo plazo produce irregularidades en la menstruación, reduce la producción de esperma, altera el buen desarrollo del embrión, etc.

El abuso del **tabaco** también puede producir o acentuar los problemas de erección, sobre todo si se es fumador y se padece arteriosclerosis. Además, provoca halitosis o mal aliento, lo cual constituye una sutil barrera social y no digamos en la relación de pareja.

La **heroína** y **otros opiáceos** retrasan la eyaculación, hacen perder la erección y las mujeres pierden el interés por lo sexual.

La **cocaína** provoca impotencia y resta interés por lo sexual. Frotar los genitales con esta sustancia no estimula, más bien al contrario, porque en medicina se usa como anestésico local; lo que sucede es que sus efectos eufóricos alteran la percepción que tenemos de las cosas y nos hacen pasar de la euforia a momentos de depresión.

Internet y la sexualidad

Como seguramente ya sabes, en «la red de redes» se puede encontrar mucha información y numerosos servicios relacionados con la sexualidad.

Algunos sitios web facilitan información sobre sexualidad de manera monográfica; están creados por instituciones, asociaciones de profesionales, empresas o personas a las que les interesa esta temática. La mayoría tienen diferentes capítulos donde se explican cuestiones relacionadas con la sexualidad, similares a las que has encontrado en este libro e, incluso, disponen de un consultorio sexológico virtual, donde se resuelven dudas de manera personalizada o se publican anónimamente las preguntas más frecuentes con sus respectivas respuestas.

En internet puedes ampliar tus conocimientos sobre sexo y sexualidad, pero debes seleccionar bien la fuente y tener claro lo que buscas.

También hay sitios más genéricos que informan, entre otros temas, sobre sexualidad. Suelen estar destinados directamente a algún colectivo (jóvenes, mujeres…), o bien tratan otras materias relacionadas con la sexualidad e introducen apartados y artículos sobre sexo y sexualidad.

Hay que distinguir los sitios comerciales, que promocionan productos (cremas, preservativos…) y determinados tratamientos o aparatos, de los dedicados exclusivamente a pornografía, que incluyen fotografías, vídeos, webcams y contactos.

Lo importante cuando navegas por internet es seleccionar bien la fuente y tener muy claro qué estás buscando.

Otro servicio que ofrece internet son los **chats.** Estos espacios abiertos te dan la oportunidad de conocer a muchas personas, y numerosas parejas se han formado en los últimos años a partir de conversaciones virtuales. Ahora bien, desconocer la realidad verdadera de la persona que está al otro lado de la red puede ocasionar consecuencias graves, entre ellas el abuso de niños y adolescentes.

Anexo I
Enfermedades de transmisión sexual en la adolescencia

Las enfermedades de transmisión sexual (ETS) son aquellas enfermedades infecciosas en que la transmisión sexual reviste una importancia epidemiológica, a pesar de que en algunas este mecanismo de transmisión no es el más importante.

Durante los últimos veinte años se ha producido un gran cambio en las ETS; hemos pasado de las cinco enfermedades clásicas: sífilis, gonococia, linfogranuloma venéreo, chancroide y granuloma inguinal, a las ETS descritas en la actualidad.

Hoy en día, el espectro de las ETS está representado por diversos cuadros clínicos: vaginitis, cervitis, enfermedad inflamatoria pélvica (EIP), uretritis, esterilidad, hepatitis, cáncer, inmunosupresión y muchas otras.

En las nuevas ETS, los virus desempeñan un papel fundamental. Ello impone una primera reflexión sobre la falta de cura de alguna de estas enfermedades, que pueden incluso provocar la muerte, y por tanto sobre la gran importancia de la prevención.

Las ETS constituyen actualmente la primera causa de enfermedades infecciosas en muchos países. Su distribución geográfica no es homogénea; la gonococia y la sífilis, por ejemplo, se hallan en un franco descenso en EEUU y Suecia, en España se mantienen estables y, en cambio, en otros países en vías de desarrollo tiene carácter epidémico. La aparición del sida ha producido en el mundo desarrollado un descenso de otras ETS como la sífilis, la hepatitis o la gonococia rectal.

Factores que influyen en las ETS

La edad, el sexo, el origen étnico, las conductas sexuales, la situación socioeconómica, la educación, las actitudes y los comportamientos, los problemas de diagnóstico y el tratamiento, son factores que influyen en las ETS.

Respecto a la edad, los adolescentes constituyen uno de los grupos de mayor riesgo. Las relaciones sexuales tempranas, la inexperiencia, la espontaneidad y las características propias de su comportamiento sexual, así como la dificultad de acceso al sistema sanitario, entran en contradicción con la necesidad de prevención de las ETS.

En los últimos años, diferentes estudios coinciden en considerar a los adolescentes un grupo de comportamiento de riesgo en relación a las ETS. Estos estudios certifican una mayor prevalencia de gonococia y tricomonas en los adolescentes que en la población adulta, y lo mismo ocurre con el herpes genital tipo II.

En EEUU del 16 al 20 % de las enfermedades inflamatorias pélvicas diagnosticadas se dan en adolescentes.

Enumeramos a continuación algunos de los factores que «parecen» influir en el mayor riesgo de contraer ETS por parte de los jóvenes:

- En las chicas jóvenes, debido a sus características hormonales, el epitelio del cuello uterino (cérvix) es más sensible. Por ello, pueden coger enfermedades de transmisión sexual más facilmente que las mujeres adultas, e indiscutiblemente con mucha más facilidad que los chicos.
- Los adultos parecen tener un sistema inmunológico más resistente a la acción de determinados patógenos, presentando menor número de infecciones por exposición.
- El tabaco, el alcohol, las drogas y los coitos a edad precoz parecen acentuar el riesgo de padecer ETS, pero no sabemos si por sí mismos o por las conductas que siguen los jóvenes para conseguirlos.
- El método anticonceptivo escogido también puede influir: de barreraprotectores, DIU facilitador, no uso de método facilitador.
- El moco cervical es lubricante y constituye una barrera natural de protección. La secreción y las características del moco varían según la secreción hormonal; lo mismo ocurre con la mucosa vaginal. En las jóvenes, el ciclo menstrual y la secreción hormonal varían mucho, sin duda por el proceso de desarrollo en el que está inmerso el cuerpo.

Respecto a los problemas que surgen en el diagnóstico y posterior tratamiento de las ETS, encontramos los siguientes:

- El cuadro clínico es poco demostrativo y específico, muchas veces incluso asintomático.
- Se busca el tratamiento quizá demasiado tarde.
- Con frecuencia, las infecciones que se presentan poseen una etiología mixta.
- Por lo general, las ETS tienen consecuencias más graves para las mujeres y sus hijos.
- Con frecuencia, es necesario examinar también a la pareja, emitir un diagnóstico y recomendar un tratamiento simultáneo para ambos.
- Algunas especies bacterianas son muy resistentes y resulta difícil eliminarlas.
- Los tratamientos prolongados presentan un elevado índice de abandonos.

ETS en nuestro medio

A pesar de que las ETS son de declaración obligatoria en España, el insuficiente registro de los casos detectados hace muy difícil valorar cuál es la situación actual.

He aquí una clasificación de los microorganismos productores de ETS:

- Bacterias
  - *N. Gonorrhoea.*
  - *Clamidia trachomatis.*
  - *Treponema pallidum.*
  - *Haemophylus Ducreii.*
  - *Micoplasma hominidis.*
  - *Ureaplasma Urealyticum.*
  - *Shigella sp.*
  - *Campylobacter sp.*
  - *Streptococo grupo B.*
  - *Gardnerella vaginalis.*
  - *Mobiluncum sp.*

- Virus
  - *Virus herpes tipos I y II.*
  - *Citomegalovirus.*
  - *Virus hepatitis B.*
  - *Virus del papiloma humano (HPV).*
  - *Virus del moluscum contagioso.*
  - *Virus de inmunodeficiencia humana (VIH) o sida.*

- Protozoos
  - *Entamoeba hystolitica.*
  - *Giardia Lamblia.*
  - *Tricomonas vaginalis.*
- Hongos
  - *Candida albicans.*

- Ectoparásitos
  - *Phthirus pubis.*
  - *Sarcptes scabiei.*
  - *Phthirus pubis* (piojos).
  - *Sarcoptes scabiei* (sarna).

Los patógenos productores de **vulvovaginitis** son los responsables de las ETS que nos encontramos con mayor frecuencia: vulvovaginitis por cándidas, por tricomonas y vaginosis bacteriana producida sobre todo por *gardnerella*, aunque también pueden provocarla el *mobiluncus* o el micoplasma.

Clínica	*VVC*	*VT*	*VB*
Prurito	+++	++	0
Leucorrea	++	+++	++
Vulvitis	+++	+	0
Cervicitis	p. blancos	p. rojos	0

Características del flujo:

Tipo	*VVC*	*VT*	*VB*
Color	Blanco	Verde	Gris
Aspecto	Espeso	Espumoso	Acuoso
Consistencia	Adherente	Lechoso	Fluido
pH	4,5-5	-5	+4,5

Infecciones gonocócicas

Están producidas por la presencia de un microbio patógeno (gonococo) en el organismo. Su período de incubación es de dos a cinco días, y se manifiesta de diferente manera en hombres y mujeres.

En el hombre

Se caracteriza por una inflamación aguda de la mucosa con secreción por el orificio uretral eritematoso, acompañada de prurito y una sensación de quemazón. A medida que el proceso se extiende hacia la parte posterior de los genitales, van aumentando los síntomas, la mucosa deviene verdosa y espesa, y se experimenta dificultad en orinar (disuria); puede incluso aparecer una gota de sangre al final de la micción, constatarse algunos episodios de febrícula y de erección dolorosa.

En la mujer

La localización más frecuente del gonococo es en el endocérvix. La infección puede pasar desapercibida, aunque en ocasiones puede producir secreción vaginal amarillo-verdosa, dolor al orinar o picor vaginal.

También se localiza en la uretra, presentando una sintomatología idéntica a la del hombre.

La vulvovaginitis gonocócica en las niñas habitualmente tiene su origen en objetos, ropas o toallas manchados con flujo de madres enfermas, aunque no se descarta un abuso sexual.

El epitelio vaginal de las niñas no es tan resistente como el de las mujeres adultas; las primeras pueden manifestar una gran tumefacción de la mucosa vulvar, roja, cubierta de espesa secreción purulenta, escozor durante la micción y alteraciones del estado general con cuadros febriles. Cuando la infección se convierte en crónica las molestias son escasas.

Complicaciones

En el hombre, las infecciones gonocócicas pueden derivar en prostatitis, epididimitis y cistitis.

La mujer puede desarrollar una bartholinitis o una anexitis.

Existe, además, la gonococia extragenital, que afecta por igual a ambos sexos, y que puede ser oftálmica, rectal o estar diseminada; esta última se caracteriza por presentar cuadros febriles, artralgias, artritis (sobre todo de grandes articulaciones) y lesiones cutáneas.

Sífilis

En los últimos años, se ha constatado un notable descenso coincidiendo con la aparición del sida.

La sífilis es más frecuente entre varones jóvenes. Ha disminuido de forma considerable entre los varones homosexuales; sin embargo, sigue siendo este colectivo el que presenta mayor prevalencia.

Desde que una persona se contagia hasta que podemos detectar la infección en un análisis de sangre suelen pasar de 3 a 4 semanas. Los primeros síntomas (sífilis primaria) aparecen entre las 8 y 12 semanas después del contagio. Si no se trata la enfermedad, entre los 6 u 8 meses siguientes aparece lo que llamamos sífilis secundaria, y si no tratamos médicamente en este momento, en el plazo de 10 a 30 años después aparecerá la sífilis terciaria, que suele provocar la muerte.

– **Sífilis primaria**. Chancro sifilítico.

Indoloro e indurado al tacto con adenopatía regional. Suele ser unilateral, formado por varios ganglios indoloros, duros y rodaderos, entre los que siempre destaca uno de mayor tamaño.

En la mujer suele ser difícil ver el chancro por su posible localización en el cérvix o la vagina.

– **Sífilis secundaria**. Se caracteriza por cefaleas, febrícula, poliadenopatías, dolores articulares, astenia y afectación cutáneo-mucosa. Existe gran riesgo de contagio.

– **Sífilis terciaria**. Puede aparecer en el 30 % de los pacientes y tener carácter maligno o benigno. La sífilis benigna corresponde a la cutáneo-mucosa y a la ósea, y la maligna, a la visceral, vascular y nerviosa.

– **Sífilis congénita**. Generalmente, es prenatal; el feto la desarrolla durante el último trimestre de gestación.

HPV. Virus del papiloma humano

Se conocen varios serotipos, que se asocian por lo general a condilomas acuminados; los serotipos 16, 18, 31 y 33 se asocian con lesiones de mayor potencial maligno.

Las manifestaciones clínicas se producen en el lugar de la infección; incluyen desde lesiones subclínicas hasta lesiones sésiles de aspecto exofítico. Puede producirse en ellas sobreinfección o también pueden estar acompañadas de signos de vaginitis inespecíficas. Presentan una localización múltiple, teniendo especial relevancia la lesión de cérvix, condiloma plano.

La localización anal y genital en los niños suele asociarse con abusos sexuales.

En los recién nacidos se localiza en la laringe durante el parto; se denomina papilomatosis laríngea.

Esta infección tiene cada vez mayor prevalencia en nuestro medio, y constituye el factor de mayor peso en la génesis del carcinoma cervical. Próximamente se dispondrá de algunas vacunas para prevenir esta enfermedad, que se empezarán a administrar en chicas antes de que inicien las relaciones sexuales coitales.

VH simple

Penetra a través de la mucosa con microtraumas, y permanece en estado latente en los ganglios sacroilíacos.

Produce lesiones vesiculares en el aparato genital.

Tiene una clínica muy aparatosa, que incluye disuria, escozor, quemazón vulvar y vaginal.

Es muy recidivante; cursa a brotes, produciendo mucha desazón en el paciente.

Algunos de los factores que activan el virus VH son: el estrés, la menstruación, el coito traumático, una infección, el frío, el calor, las alteraciones hormonales, etc.

El VH puede actuar como cofactor en la génesis del cáncer de cérvix.

Enfermedad inflamatoria pélvica (EIP)

En España es una enfermedad que va en aumento y existe una amplia franja en nulíparas menores de veinticinco años.

Presenta una etiología polimicrobiana. Entre los agentes causantes destacan la clamidia, el gonococo, los micoplasmas y la *gardnerella*.

La incidencia de clamidia y gonococo varía según la población estudiada.

Los gérmenes pueden ascender desde la vagina por tres mecanismos:

- mediante las tricomonas,
- el esperma,
- o por acción de las contracciones uterinas.

Los factores de riesgo contrastados son: la edad, la promiscuidad y la anticoncepción; además del abuso del tabaco, la cocaína y otras drogas.

La predisposición de los adolescentes a las EIP se relaciona con los hábitos sexuales y con la falta de acciones frente a estos patógenos.

Actualmente, se cuestiona el papel protector de los anticonceptivos hormonales orales (AHO) y del DIU.

Como secuela fundamental destacan la esterilidad y los abscesos tubo ováricos.

Prevención y futuro

Para prevenir en un futuro estas y otras ETS, es preciso llevar a cabo un plan urgente de choque, que incluya aspectos como los siguientes:

- Una mejor y más completa información y educación sanitarias.
- La detección precoz, donde la anamnesis constituye un elemento clave.
- La prevención del VIH. Hasta la aparición del sida, las estrategias de abordaje de las ETS eran el diagnóstico, el tratamiento y la búsqueda de contacto; ahora todas las estrategias se basan en la prevención del VIH, y con ello se incide en las otras.
- La formación continuada de los profesionales sanitarios.
- La educación para la salud en el ámbito escolar.
- La declaración sistemática y rigurosa de los casos detectados.
- La investigación en vacunas efectivas.

Anexo II
Sitios web de interés

Información general sobre sexualidad

www.insexbcn.com: información sobre sexualidad, psicología, ginecología y planificación familiar. Tiene también consultorio, foro y chat.

www.abcsexologia.com: artículos, recursos y consultorio sobre sexualidad.

Información sexual para jóvenes

www.fpfe.org/guiasexjoven: recursos de toda España sobre sexualidad y anticoncepción para jóvenes.

www.centrojoven.org: sitio del Centro Joven de Anticoncepción y Sexualidad de Madrid.

www.centrejove.org: sitio del Centre Jove d'Anticoncepció i Sexualitat (en catalán).

www.querote.org: sitio del Centro de Asesoramento Afectivo-Sexual para a mocidades (en gallego).

www.sexoconseso.com: sitio de la Plataforma Joven (integrada por Cruz Roja Juventud, la Sociedad Española de Con-tracepción, la Federación de Planificación Familiar de España y la Asociación de Educación para la Salud).

www.goxoki.com: información sobre sexualidad y anticoncepción juvenil.

www.sexejoves.gencat.net: información sobre sexualidad y anticoncepción para jóvenes (en catalán).

Orientación sexual

www.cogailes.org: sitio de la Coordinadora Gay-Lesbiana. Contiene un apartado de su Asociación Grup Jove.

www.cogam.org: sitio del Colectivo de lesbianas, gays, transexuales y bisexuales de Madrid.

fundaciontriangulo.es: sitio de la ong Fundación Triángulo. Contiene información para jóvenes y consultorio.

www.colegaweb.org: sitio de diferentes asociaciones que trabajan por la igualdad de lesbianas, gays, bisexuales y transexuales en distintos puntos de España.

www.lambdaweb.org: sitio del Casal Lambda.

Píldora del día después

www.informateya.com: información sobre la píldora del día después.

Sida

www.fase.es: sitio de la Fundación Anti-Sida España.

www.sidastudi.org: sitio de la ong Sidastudi.

www.sidasaberayuda.com: sitio de la Fundació La Caixa (castellano, catalán, gallego y euskera).

www.aides.org: sitio de la Asociación Francesa contra el Sida. Tiene animaciones muy interesantes (francés e inglés).

Educación sexual

www.xtec.es/~imarias/sexaf.htm: una propuesta para la ESO y recursos en internet.

Interrupción voluntaria del embarazo

www.acaive.com: sitio de la Asociación de Clínicas Acreditadas para la Interrupción del Embarazo.

Violencia de género

www.malostratos.com: sitio de la Comisión para la Investigación de Malos Tratos a Mujeres. Contiene documentos, protocolos y contactos (teléfonos gratuitos) de interés sobre la violencia de género.

www.porlosbuenostratos.org: sitio del proyecto *Por lo buenos tratos* de la ONG Acción Alternativa, que intenta hacer frente a los malos tratos poniendo el acento en lo positivo, en los buenos tratos entre las personas y, particularmente, en las parejas.

Juguetes sexuales

www.tappersex.es: información y asesoramiento por profesionales de la sexología sobre juguetes sexuales.

Sexología

www.fess.org.es: sitio de la Federación Española de Sociedades de Sexología (representa a más de mil seiscientos profesionales de la sexología y a veinticinco sociedades de toda España).